希林さんといっしょに。

是枝裕和

スイッチ・パブリッシング

希林さんといっしょに。

はじめに

この本は二〇〇七年に僕が樹木希林さんに初めて出会ってから、二〇一八年に彼女が亡くなるまでの足掛け十二年の間に、雑誌『SWITCH』で行ったインタビューをもとにしたものです。そこに、そのときさまざまな事情で止むを得ずカットしたやりとりをできるだけ復活させました。さらに、日々のお付き合いや映画の撮影現場で出会った彼女の振る舞いや言葉を僕自身のスケジュール帳や撮影日誌を繙きながら思い起こし、自分なりの考察を加えています。

亡くなられて間もなく一年が経ちますが、希林さんの存在や言葉を巡る出版物はあとを絶ちません。もちろんこの『希林さんといっしょに。』もその中の一冊ではあるのですが、「人生訓」的なものではなく、なるべく「演じること」を巡る彼女の言葉にフォーカスしてみようと思いました。

弔辞の中でも触れましたが、彼女は決して「大女優」ではなかったし、そんなことはご本人が一番自覚されていました。例えば、出演作品の量や質を考えたら、今年亡くなられた京マチ子さんのほうが圧倒的に「大女優」なはずです。

にもかかわらず、なぜこれほどまでに多くの人が希林さんの一挙手一投足から目を離せないのか。思い出して語り合いたくなるのか。もしくは二度と思い出したくないほどの強烈なインパクトが残っているのか。その理由を自分なりに探ってみたいという思いでこの本をまとめてみました。

たかだか十二年。彼女の七十五年の人生の、晩年のほんのひととき。しかも基本的には作品づくりを通しての役者と監督という距離感は崩さないお付き合いでした。ですから古くからのご友人や、この本に寄稿していただいた内田也哉子さんをはじめとするご家族が読まれたときに、どこまで希林さんの魅力に迫れたか、甚だ自信がありません。しかし、それでもお芝居を語る彼女の言葉の一部をこうして活字として、書物として残せたのは、意味のあることだったのではないかと自負しております。

では、しばらくの間、希林さんといっしょの時間を楽しくお過ごしください。

是枝裕和

目次

第5章

出会いと別れと

カバー写真　川内倫子
装丁・本文デザイン　宮古美智代

第1章

日常から浮き、戻る

2008年5月20日

於・西麻布　エピスカネコ

「このホンを超えなくちゃ」という意気込みで

是枝裕和（以下、是枝） 僕が希林さんに初めて会ったのは、『歩いても 歩いても』の第一稿ができてすぐでしたね。

樹木希林（以下、樹木） あのときは、長いテーブルの向こうに監督がいて、私はこっち側にひとりでいて、なんだか面接みたいでね。面白いことを喋らなくてはいけない気がして、ひとりで無意味なことをいっぱい喋って帰ってきた覚えがあります。

是枝 主人公の母親役は希林さんに頼もうと考えていたので、第一稿からアテ書き[*1]していました。脚本はまだ完成レベルではなかったけれど、核になる登場人物だったので、早くわかっていただいたほうがお互いに安心できるかなと思って、面会を申し込んだんです。そうしたら、脚本を読まずに、その場で出演を承諾してくださって。

樹木 読む必要はないだろうと思ったんです。「こういう家族の話をやります」「はい、わかりました」というね。私は自分の出た映画を観ないけれど、人の映画も観ないから、『誰も知らない』[*2]を観ていないんですよ。あれだけの作品をね。でも、その監督だというのは知っていました。『歩いても 歩いても』の出演をなぜ引き受けたのかといえば、『誰も知らない』でYOU[*3]ちゃんのあの雰囲気をちゃんと評価して使いこなせていたから。それで大丈夫だと思った。脚本を読まなくても、何の心配もなかったんです。実際、『歩いても 歩いても』の完成した脚本を読ませていただいたら、すごくいいなと。超えなくちゃなあ、この脚本《ホン》を超えなくちゃ、という想いばかりでした。

是枝　本当にありがたかったです。自分が演出家になろうと思う以前から希林さんの出演する作品はずっと拝見していて、希林さんがワンシーンに出てくるだけでも画《え》が引き締まるというか、すごくいいなと思っていました。だけど、ご一緒させてもらえるのであれば、そういうワンシーンだけの出演ではなく、ガッツリと組んだ仕事をしたかった。とはいえ、僕が演出家になって十年ほどは、いまよりもっとドキュメンタリーに近かったですし、そんな自分の作品の質と希林さんのお芝居の方向性を考えると、まだまだご一緒できないだろうと……。だから、『歩いても 歩いても』は満を持してのオファーでしたし、希林さんとの共同作業が上手にできた、すごくいい形で重なることができたと自分では思っていま

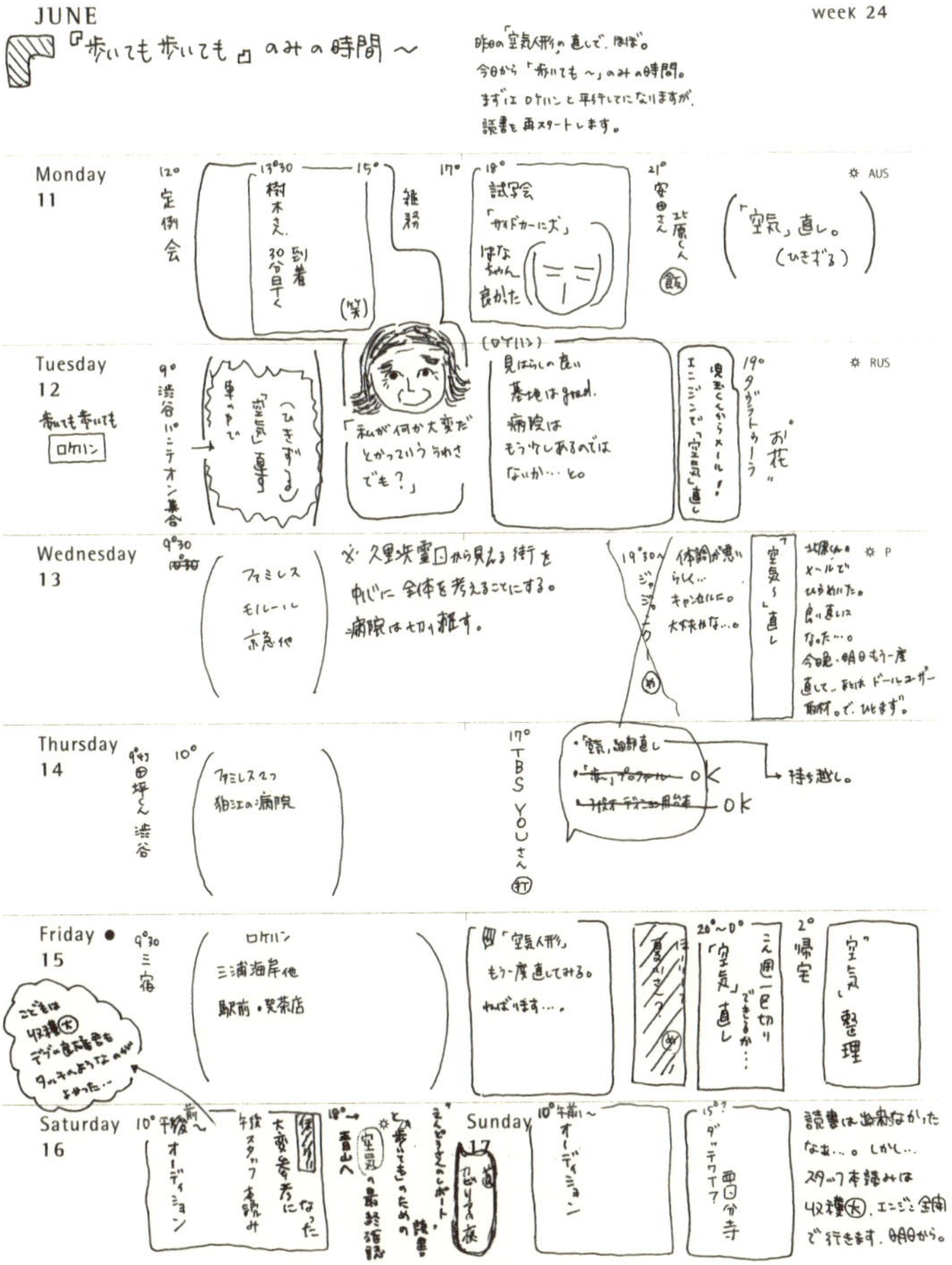

是枝の 2007 年のスケジュール帳。6月11日（月）の欄に
初めて会った樹木のイラストとコメントが記されている

す。

樹木　『歩いても 歩いても』は夏のある一日を描いたホームドラマだけど、私が悠木千帆[*4]として最初にテレビ出演したのも、一九六四年の『七人の孫』[*5]というホームドラマだったんです。そこで森繁久彌[*6]さんと出会ったことは、すごく大きな出来事だった。人間の生理的なもの、日常において皮膚が感じるものをとても大事にして、例えば飲む、食べる、挨拶するという当たり前のことで〝人間〟を表現する——それを森繁さんで見てしまったものだから、その面白さに目覚めてしまった。芝居の方向性がそのとき決まって、それはそれでよかったといまでも思います。ただ、一方で、ホンを自分の方向へもっていき過ぎてしまうんですね。その結果、自分ではすごくいいと思っていたものが、でき上がってみるととんでもなかったことが何回かあった。

　転機は一九八一年、早坂暁[*7]さんが脚本を書かれた『夢千代日記』[*8]に出合ったこと。これはひとつの画の中に役者をはめていく現場で、すでに世間の評価を得てしまっていた自分にとってはチャンスだった。描こうとしているものが先にひとつあって、そこへ自分を入れていく作業を行うことによって、自分の演技の修正ができたんです。以前と同じままでずっと行ってしまっていたら、女優としては終わってしまっていただろうなと思います。

ところが、修正はできたんだけど、今度は欲求不満というか（笑）、森繁さんから教わったものはしっかりと自分の中に残っていて……。それはたぶん、ＣＭで少しは表現できたのではないかと思うんだけど。

是枝　希林さんが映画にチョイ役で出演し始めるのが一九六六年からで、そこから二〇〇七年公開の『東京タワー　～オカンとボクと、時々、オトン～』[*9]の母親役を演じるまでは、あまり作品を背負うような大きな役をされていません。これは何か理由があったのでしょうか。

樹木　映画は残るから嫌だとずっと思っていたんです。昔はテレビをビデオに撮っておくということもなかったから、瞬時に消えていく。それがよかった。でも、テレビもなんだか残るらしいという時代になって、恐ろしいなと。それでなんとなくブラブラしていて、映画もワンシーンだけ出るようなことを続けていました。

こうして是枝監督のような人が私に声をかけてくれるようになったのはなぜか、ずっと考えているんだけど、それはやはり〝病気〟かなと思うんですね。病気をしたことで、自分の映画への出方が変わったわけではないけれど、心の有り様はうんと変化している。少し謙虚になったかなと思います。生き方においてもね。その謙虚な佇《たたず》まいが、ふと人の目に入って、この人とやってみようかなと思わせているのかなと。

以前、明石家さんまさん[*10]の番組に出たことがあって、「希林さん、芸能界は才能やない。人柄ですよね」とさんまさんが言ったのよ。そのときは「こういう人でもそういうことを言うんだな」と思ったんだけど、あとで自分を俯瞰して見てみたら、やっぱりそうなのかもしれないって。自分を水のようにして、三角なら三角、四角なら四角、丸い器なら丸になって、無垢なままそこに入ってみるということが大事なんじゃないかなと。是枝監督と出会ったのは、そう思うようになったころなんです。

こうしてあらためて自分の履歴を見てみると、「あら、私はすごくいいところに着地しているじゃない？」と思うわけ。娘（内田也哉子[*11]）も「お母さんて、なんかツイてるね」と言うんですよ。だから私は言ったの。「それはね、人柄よ」って（笑）。

是枝　（笑）あらためて、『歩いても 歩いても』の現場はいかがでしたか。

樹木　是枝監督の「ここは、これ以上何もしないでください」とか「そこまででいいです」という指示が、ぜんぶすれすれのところなんですよね。それ以上行ってしまったところで作品が壊れるわけではないけれど、止めたことで結果として全体の中で個人がしっかり浮かび上がってくる。そういうふうにつくってくれる現場があまりないものだから、新鮮でした。それが言わば〝つくり手〟なんだなと。監督とやらせていただいて、気持ちよかったですよ。私はいつも「そこまではやらなくていいです」と言われるタイプなんだけど（笑）、監督の場合は理由がちゃんとわかるから、消化不良にならない。

是枝　この作品は、日常のことだけで映画をつくろうと思っていたんです。具体的で日常的なこと。それは行為も台詞も含めて。「台所でどんなことが起きるだろう？」とか「玄関でどういう物語が生まれるかな？」とか、そういう具体的なものや場所に人が絡むことで、人間の個性だったり感情だったりが見えてくるはずだから、そこで止めようと思っていました。天ぷらなら、天ぷらという事柄をめぐって見えてくるだけにしたかった。僕がそういう具体的なものをやろうとしたことと、希林さんが考えていた〝日常の中で見えてくるもの〟がうまく重なったんだと思います。

例えば、主人公を演じた阿部寛[*12]さんが嫁と義理の息子を連れて実家へ帰ってくるシーンで、希林さんが玄関で「いらっしゃい」と言って手を揃えて頭を下げるんですが、希林さんが並べたスリッパを子どもが履かずに行ってしまうんですね。そのとき、希林さんがスリッパを手に持ったまま、中腰で子どもたちのあとを付いていったんです。僕は脚本に「スリッパを持って付いていく」とは書いていないから、希林さんが考えてそうしてくれたんですが、それを見たときは「うわー、すごいな」と思った。履かなかったスリッパを持っていくことに特別な意味があるわけではないけれど、「ああ、母親だな」と。僕もそう思ったし、撮影の山崎裕《ゆたか》*13さんも「あの中腰はいいな……」と言っていた。スリッパを並べるとか、エビの殻を剝《む》くとか、そういう何気ない行為の中でいろんなものが見えてくるということを、希林さんを見ていて感じることができたんです。

あとは、「あれはきっと自分の息子だ」と言って希林さんが紋黄蝶を追いかけるシーンと、毎年お線香をあげにくる男性を「絶対に毎年呼ぶんだ」と言うシーン。そのふたつだけは母親の日常から少しだけ浮き上がる場面ですが、希林さんはすぐに「お風呂入っちゃいな」と日常に戻るんです。行き過ぎてしまわずに、すぐ日常に戻るから、余計に子どもが怖がる。日常からの浮き方と戻り方が実に見事だったと思います。

樹木 だからね、そういうところを私は偶然でやっているわけではないのに、たいがいの人は見てくれないの（笑）。人を殺すとか特別な場面だったら、みんな見ていますよ。でも、なんでもないところのなんでもない動きを見ていてくれるのが、役者としてすごく嬉しいんです。それは私がとりもなおさずホームドラマでずっと培ってきたもの。人間が生きている、動いている、止まっていないということを、是枝監督はちゃんと見ていてくれ

るし、そういう撮り方をされています。しかも、この若さでね。役者をもう何十年もやっていますが、そうそう出会えないですよ。何十年かぶり。いま、未来に希望を感じられない役者もたくさんいると思うけれど、こういう人がちゃんといるから安心してほしいですね（笑）。『歩いても 歩いても』は役者として非常に幸せでしたし、安心して役を演じられる現場でした。

是枝　ありがとうございます。ひとつお尋ねしたいのですが、編み物をしながら、息子に「だから呼んでるんじゃない」と言うシーンがありますよね。スタッフもあのシーンがいかに重要かということをわかっていて、すごく静かに準備が進み、本番がスタートして、カットがかかって……とても穏やかな撮影で、いい時間だった。でも、でき上がってみたら、非常に素晴らしかったんだけど、同時にすごく怖いシーンになっていて、撮影の山崎さんもゾクゾクしたと言っていました。しかも、長いワンシーンで希林さんの横顔を撮っていますが、希林さんがまったく瞬きをされていない。あれは意識してやっていたことではないんですよね？

樹木　ぜんぜん意識していませんでした。……意識していなかったけれど、死んだ息子のことを考えて、無念な気持ちでいた。だから編み物にも意識がいっていないんですよね。

是枝　そうですね。そうだったと思います。

樹木　たぶんあの母親にとって、編み物は主婦の作業として目をつぶっていてもできることで、「あのとき、あの子が……」ということをただ思っていただけなんです。むしろ、あのシーンですごいのは、私の喉が最後にゴクンと鳴るところをカットとして採用していること。あそこで感情が激するのは違うと思ったから、そうならないように抑えていたら、言い終わったときに自然と喉がゴクンと鳴った。その一瞬をちゃんと撮影しているし、またそれをしっかりと使ってくれていた。この監督さんは、そういうところがあるから末恐ろしいねえ（笑）。

是枝　「この目は何を見ているんだろう?」と思ったんですよね。瞬きをしないでおこうと思って演じているわけではないというのはわかっていて、この目線の先に何があるんだろう……と編集をしながら思っていました。あそこは本当にすごかったです。

僕自身のことをあらためて話すと、前作の『花よりもなほ』[*14]を撮っているころに母が入院していて、映画の仕上げの最中に亡くなったんです。それはやはり大きな衝撃でしたし、自伝ではないにせよ、ここで母の話を撮っておかないと先に進めないのではないかという気持ちがありました。それが『歩いても 歩いても』が誕生するひとつの大きなきっかけです。

ただし、ついこの間まで少しずつ弱っていく母親を見ていたからこそ、それをそのまま作品にしようとは思わなかった。むしろ、母親のベッドサイドで思い出したのは、具体的で日常的なことばかりだったんですね。すごく些細なことだけど、もう戻ってこないもの。母親の後ろ姿や庖丁をにぎる手とか、毒舌もそうだし。それがドラマチックかどうかというよりも、かけがえのないものとして見てもらえればいいなと思って映画にしたのは間違いありません。

実際、公開キャンペーンで大阪へ行ったときに、新聞記者の方に「両親が死んでいく過程をもっと描こうと思いませんでしたか」と質問されまして。僕としては、息子が実家に里帰りして風呂場で汚れたタイルと新品の手すりを見つけるというシーンでひとつ種を蒔いているから、それが観客の頭に残っていれば老いのプロセスを描かなくても大丈夫だと思っていた。最初に不安の種を蒔かれているから、そのあとにいくら元気な父親と母親を見ても、何かしら気になるじゃないですか。僕はそれでいいと。

樹木　そこが是枝監督の品格ですよね。いま映画やドラマを観ても、事件が起きた！　また起きた！　で埋め尽くされているでしょう？　そういう特別な出来事がないとテレビではない、映画ではないと勘違いされていくのは恐ろしいこと。何も起きない日常があっての人間の世界だと思うし、それこそが魅力的なんだとあらためて観客に教えてくれた作品だと思います。こういった繊細な作品を理解できる観客が少なくなってきているのは確かで、もっと何かドラマチックな展開を望む人もきっといる。でも、時代の試練にさらされながら何十年か経って振り返ってみれば、これは絶対に残ると思うの。だいたいそこを目指さないと、監督もつくっている意味がないでしょ？

是枝 はい（笑）。僕はとてもいい仕事ができたなという、本当にそれだけです。演出家と役者がどの作品でどのように出会うのかは運。もちろん〝人柄〟もありますが（笑）、やっぱり運だと思うんですね。この作品で希林さんとご一緒できたということは、僕にとって非常に運がよかったです。本当にありがとうございました。

この対談が行われたのは、西麻布にある「エピスカネコ」というレストランだった。『歩いても 歩いても』の公開キャンペーン中で、ふたりでお話するにはまだ緊張が解けていない、という時期のものである。

初対面はそこから一年遡って、二〇〇七年の六月十一日。広尾。『歩いても 歩いても』の[*15]安田匡裕《まさひろ》プロデューサーが会長を務める[*16]エンジンフイルムの会議室でだった。直前に撮影していた映画『東京タワー 〜オカンとボクと、時々、オトン〜』の現場でかなり監督と揉めたらしいという噂が業界中に広まっていたので、とにかく一度早めに会っておこうと約束を取りつけた。

希林さんは約束の時間より三十分も早く到着した。自宅から広尾まで歩いてこられ、確かお墓のある光林寺にちょっと寄ったとかで、寺の脇にある「肉のハナマサ」で買ってきたという「干しいも」をバッグから取り出し、テーブルの上に置いた。そうして慌てふためくスタッフたちを楽しそうに見渡すと、「まだクランクインはずいぶん先なのにこんなに早く呼ばれるってことは、私が何か大変だとかって噂でも広まってるの?」とひと言。すべてお見通しだったようである。

対談場所となったレストランはコンクリート打ちっぱなしのモダンな建物だったが、以前は希林さんが自宅兼事務所としてご家族で住まわれていたそうで、対談終わりにシェフもご挨拶に顔を出された。「私、いまもここの大家なのよ。だからたまに食べにきてやって」と希林さんは笑っていた。お店にはこの対談以降も何度か希林さんに連れてきていただいた。屋上で栽培しているという野菜に砂肝を加えたサラダがとても美味しく、希林さんもお好きだったと記憶している。

　食事をしながらの話題は「あなた、あれは観たの?」という最近のドラマや映画の感想やワイドショーで取り上げられている芸能人の不祥事が大半で、歯に衣着せぬその評は思わず膝を打つような、そしてそれは決してテレビのコメンテーターが口にしないようなものだった。希林さん曰く、「あなたね、芸能人は不祥事にどう対処するかでその人の器量がわかるのよ。だから『その質問はやめてください』なんて司会が遮るのはもったいないと思わないと……」。特に好きだったのは、このご時世、ほとんど口にできなくなっているカツラ、ゲイ、整形、そして離婚の慰謝料と不動産の話題だった。そんな楽しい「雑談」の合い間に時折、この対談にも登場する森繁久彌さんや渥美清[*17]さん、由利徹[*18]さん、三木のり平[*19]さんたちの思い出話がポンと投げ込まれる。「あーたね……」と、ちょっと鼻にかかった森繁さんの口調を上手に真似ながら語られる一人二役のやりとりは、(録音しておけばよかったなあ……）とあとになって思うものばかりだった。

一度、ご飯の約束をしたときに「車で家まで迎えに行くわ」と言われ、恐縮していたら、初対面同様こちらの準備ができる前にやってきてマンションのベルを鳴らし、ひとりでエレベーターを上がってこられた。「上がってお茶でも？」と戸惑いながら言うと、「いいわよいいわよ」と玄関先で部屋を見渡し、すぐ出られてしまった。移動の車の中で「あなた、このマンション、〇〇〇万円くらい？」と問い掛けられた。値段はピタリと一致していた。「あまり高く売れないわよ。たぶん、七掛けくらいかなあ……」。約束より早くやってこられたのは、どうやらマンションの周りを歩いて立地を確認し、値踏みをしていたようだ。よくこういうことをするらしい。[*20]市川崑《こん》監督が亡くなったときも、「ご近所だから」と弔問に行ったそうで、「あれ、何か作品出られてましたっけ？」と訊くと「そうじゃないんだけどね」とニヤリ。「前を通るたびに素晴らしい家だと思ってたから、一度家の中を見てみたいと思ってたのよ」と言われた。油断も隙もあったものではない。

さて。それから三年ほどしてマンションを売ったのであるが、確かに希林さんの言ったとおり買った値段の七掛けだった。

註

＊1　アテ書き
「出演者に当てて書く」という意味で、脚本家があらかじめ役者を想定して登場人物を描くこと。

＊2　『誰も知らない』
二〇〇四年八月に公開された是枝の四作目の映画。一九八八年に発生した巣鴨子ども置き去り事件をモチーフに自らオリジナル脚本を執筆し、監督した。主演の柳楽優弥はカンヌ国際映画祭にて史上最年少および日本人初の最優秀男優賞を受賞。他、北浦愛、木村飛影、清水萌々子、韓英恵、YOUなどが出演。

＊3　YOU
タレント・女優・歌手。一九六四年、東京都生まれ。モデル、音楽活動を経て、バラエティ番組、テレビドラマ、映画などで幅広く活躍。是枝作品では映画『誰も知らない』『歩いても 歩いても』、連ドラ『ゴーイング マイ ホーム』に出演。

＊4　悠木千帆
樹木希林の旧芸名。一九六一年に「文学座」一期生となり、その後「悠木千帆」名義で女優活動をスタート。「芸能界では〝勇気〟が必要」と父親が考案し、千帆は版画家の前川千帆から採られた。七七年に放送されたテレビ朝日誕生記念番組のオークションコーナーにて、「売るものがない」という理由で自ら芸名を競売にかけ、東京・青山のブティック店主が四十万円で落札した（二〇〇四年、女優の山田和葉がこの店主から無償で譲渡されている）。芸名の売却後は本名の「内田啓子」にすることも考えていたが、結局「樹や木が集まり希な林をつくる＝みんなが集まり何かを生み育てる」ことを連想する「樹木希林」に決めた。

＊5　『七人の孫』
TBSの「ナショナル劇場」枠で一九六四年、および六五〜六六年まで放送。森繁久彌扮する明治生まれの祖父を中心に大正生まれの父母、七人の孫が織りなす大家族ホームドラマ。脚本家・向田邦子と演出家・久世光彦の出世作。

＊6　森繁久彌
俳優。一九一三年、大阪府生まれ。早稲田大学を中退後、NHKアナウンサーとなって満州国へ赴任。帰国後、舞台やラジオ番組の出演で喜劇俳優として注目された。代表作に映画『社長シリーズ』『駅前シリーズ』『夫婦《めおと》善哉』、ドラマ『七人の孫』『だいこんの花』『おやじのヒゲ』など多数。二〇〇九年没。

＊7　早坂暁
小説家・脚本家。一九二九年、愛媛県生まれ。新聞社編集長を経て、いけばな評論家として活躍しながら、テレビ脚本を書き始め、日本テレビの「ノンフィクション劇場」に放送作家として全作品に関わる。代表作に『七人の刑事』『天下御免』『夢千代日記』『花へんろ』『必殺シリーズ』など。二〇一七年没。

＊8　『夢千代日記』
NHKの「ドラマ人間模様」枠で一九八一年（全五話）、八二年（全五話）、八四年（全十話）に放送された三部作。吉永小百合が置屋「はる家」の女将を主演し、樹木は年増芸者・菊奴を演じた。また、樹木は八五年に映画化された際も唯一、同役で出演している。

＊9　『東京タワー　～オカンとボクと、時々、オトン～』
リリー・フランキー原作の同名小説を映画化。二〇〇七年四月公開。主演の「ボク」をオダギリジョー、「オカン」を樹木希林、「若いころのオカン」を樹木希林の実娘・内田也哉子、「オトン」を小林薫が演じた。

＊10　明石家さんま
お笑いタレント・司会者。一九五五年、奈良県生まれ。落語家を志すも、師匠の推薦でお笑いタレントに転向。樹木が出たという明石家さんまの番組は『さんまのまんま』のことで、二回ゲスト出演している。八八～九二年まで、是枝作品『海街diary』に出演した女優・大竹しのぶと結婚していた。

＊11　内田也哉子
エッセイスト・歌手・女優。一九七六年、東京都生まれ。ミュージシャンの内田裕也、女優の樹木希林の間に生まれる。夫は俳優の本木雅弘。長女の伽羅は是枝作品の『奇跡』に出演している。映画『東京タワー　～オカンとボクと、時々、オトン～』『わが母の記』の二作にて、それぞれ樹木演じる役の若き日を演じた。

＊12　阿部寛
俳優・モデル。一九六四年、神奈川県生まれ。モデルとして活躍後、八七年、映画『はいからさんが通る』で俳優デビュー。九三年の舞台『熱海殺人事件　モンテカルロ・イルージョン』で実力派へと転身。代表作に映画『トリック劇場版シリーズ』『自虐の詩《うた》』『青い鳥』『劇場版・新参者シリーズ』『テルマエ・ロマエ』など、ドラマ『TRICKシリーズ』『アットホーム・ダッド』『結婚できない男』『新参者』『下町ロケ

ット』など。是枝作品では映画『歩いても 歩いても』『海よりもまだ深く』、連ドラ『ゴーイング マイ ホーム』に、すべて「良多」という役名で主演している。

*13 山崎裕
撮影監督。一九四〇年、東京生まれ。日本大学藝術学部卒業後、六五年に記録映画『肉筆浮世絵の発見』でカメラマンデビュー。多くのテレビドキュメンタリー、記録映画などに携わる傍ら、多数の劇場用映画の撮影も担当。是枝作品は『ワンダフルライフ』『DISTANCE』『誰も知らない』『花よりもなほ』『歩いても 歩いても』『奇跡』『海よりもまだ深く』を担当。二〇一〇年に『トルソ』を監督。

*14 『花よりもなほ』
二〇〇六年六月に公開された是枝の五作目の映画。仇討ちのために江戸に出てきた若い武士が人情あふれる長屋で暮らすうちに「仇討ちしない人生」を模索する。落語や四十七士をモチーフに描かれたオリジナル作品で、主演は岡田准一。他、宮沢りえ、古田新太、田畑智子、香川照之などが出演。

*15 安田匡裕
映画・CMプロデューサー・ディレクター。一九四三年、兵庫県生まれ。明治大学卒業後に電通映画社に入社。ディレクターとして多くのテレビCMの企画・演出に携わる。八七年、制作会社「エンジンフイルム」を設立。CM制作に関わる一方、相米慎二監督作『東京上空いらっしゃいませ』で初のプロデュースを果たす。九九年、是枝の『ワンダフルライフ』をプロデュースし、『空気人形』までの作品の企画・製作者に。二〇〇九年没。

*16 エンジンフイルム
一九八七年に設立された、テレビコマーシャルの制作を中心とする制作プロダクション。映画製作にも意欲的で、企画・製作で関わった作品は二十四を数える。

*17 渥美清
コメディアン・俳優。一九二八年、東京生まれ。中央大学経済学部入学後、旅回りの演劇一座に入り、喜劇俳優の道へ。五六年にテレビデビュー、五八年に『おトラさん大繁盛』で映画デビュー。代表作に『砂の器』『幸福の黄色いハンカチ』『八つ墓村』など。国民的スター「寅さん」を演じた『男はつらいよシリーズ』は六九〜九七年まで全四十九作が製作された。九六年没。

＊18　由利徹
喜劇俳優。一九二一年、宮城県生まれ。四二年にムーランルージュ新宿座に入団。五六年、南利明、八波むと志とともに「脱線トリオ」を結成。多くのテレビドラマ・映画で重宝され、『時間ですよ』『寺内貫太郎一家』にも出演。九九年没。是枝二作目の映画『ワンダフルライフ』で思い出を語る死者のひとりとして出演し、これが遺作となった。

＊19　三木のり平
俳優・演出家・コメディアン。一九二四年、東京生まれ。俳優座などを経て、三木鶏郎グループに入り、コメディアンを目指す。五六年、『のり平の三等亭主』で映画初主演。以後、森繁久彌と共演した『社長シリーズ』や『駅前シリーズ』などで人気を博す。キャラクターのモデルおよび声優を務めた桃屋のアニメCMでも有名。九九年没。

＊20　市川崑
映画監督。一九一五年、三重県生まれ。京都のJ.O.スタヂオ（のちの東宝京都撮影所）のトーキー漫画部に入り、アニメーターに。実写映画の助監督に転じ、四八年、『花ひらく』で監督デビュー。五五年、日活に移籍し、『ビルマの竪琴』を発表。六五年にはドキュメンタリー映画『東京オリンピック』の総監督を務める。代表作に映画『炎上』『鍵』『野火』『おとうと』『股旅』『幸福』『細雪』『おはん』『四十七人の刺客』『金田一耕助シリーズ』など。二〇〇八年没。

第2章

生きる。活かす。息づく。

2015年4月15日

於・渋谷　樹木希林邸

映画というものに思い入れがなかった

是枝　『海街diary』では、主人公である幸《さち》、佳乃《よしの》、千佳という三姉妹の大叔母・菊池史代役を演じていただきましたが、振り返って何か思い出はありますか。

樹木　私の役、キクチさんというの？

是枝　（笑）知らなかった？

樹木　いや、〝大船の叔母さん〟としか認識していなかった。そうか、キクチさんっていうのか。撮影が夏の盛りで、暑くて暑くて、記憶があんまりないんだけど。

是枝　僕がひとつ思い出深いのは、希林さんが自分の姪でもある三姉妹の母親（大竹しのぶ[*1]）に対して「（あなたの旦那が）女つくるには、あんたにも悪いところがあったのよ」という台詞をどうしても言いたい、とおっしゃったんです。

樹木　そうそう。

是枝　それで急遽、台詞を書き足しました。

樹木　それは大竹さんを見ていて、なんとなく……。なんだか大竹さんに好かれちゃったもんだから、これ幸いと現場で根掘り葉掘り聞いたのよ。（明石家）さんまさんのこととか野田[*2]（秀樹）さんのこととか（笑）。私生活と役者稼業って別だから、そこは何も否定しないんだけど、やっぱり理解できないなと思って、「私はあなたと個人的には関わりたくない」とはっきり言ったの。そうしたら、大竹さんが『サンデー毎日』の阿木燿子[*3]さんとの対談で「希林さんにこんなふうに言われたの」と嘆いてみせて、「あら、希林さんもヒドい人ね」なんて書かれちゃって。それもまた、好きなんだけどね（笑）。

　私がやった大叔母の台詞で、三姉妹に対して「あの子はあなたたちの家庭を壊した人の娘なのよ」と言うシーンがあったでしょう。それと対《つい》になる台詞があったほうがいいんじゃないかと思ったんです。というのも、私の価値観として、「いい悪いは別として、事実をひとつずつ確認していくのが人間じゃなかろうか」というのがあって。

　例えば、世の中には「お妾さん」という立場があるけれど、彼女たちの魅力がなくなったなと思うのは、人の旦那さんとそういう関係になったことを平気で他言できるというつまらなさなんです。負い目にしたほうがずっと魅力的なのにね。私にとっては奥さんと愛人、どちらがいい悪いはなくて、奥さんに対しては「あんた、愛人つくられるような家内だったんだからしょうがないでしょ」というのがちゃんとある。だけど、愛人が「好きな人にたまたま家庭があったんです」なんて声高に言ったりすると、あら、つまらない人生ねって思うのよ。それが、『海街ｄｉａｒｙ』で三姉妹が異母妹を引き取るところと重なった。大船の叔母さんからしたら、「その子に罪はないけれど、そういう過去をその子が背負っていることは忘れないでね」ということ。どんなに子どもであっても、あるいは大人であっても、〝なかったことにする〟というのは、その人の人生がつまらなくなるという意味なんです。

芥川比呂志[*4]さんも、「人間は男でも女でも、その時代よりもちょっと古風なほうが色気がある」とおっしゃっていた。そういうちょっと引いたところに人間の色っぽさがあると私は思う。そういう意味で、三姉妹に対しても異母妹のすずちゃんに対しても、「過去の事実を背負った上で、豊かな人生を生きてほしい」と伝えられたらと。

是枝　そういう希林さんの思慮が、作品に奥行きを与えてくれたと思います。

樹木　いや、いま偉そうに言ったけど、そんなに好きじゃないのよ、お芝居（笑）。映画観るのも好きじゃないしさ。

是枝　希林さんほどあらゆる監督が撮りたがっている女優さんはいないのに。

樹木　誰もいないですよ、そんな。山田洋次[*5]さんからはオファーきませんよ。

是枝　（笑）例えば、向田邦子[*6]さんの『阿修羅のごとく[*7]』は『海街ｄｉａｒｙ』と同じ四姉妹の話ですが、あの作品の姉妹のお母さん役のオファーが来たとしたら、特別な想いはありませんか。

樹木　あれ、テレビの演出は深町幸男[*8]さんでしたっけ。主役は加藤治子[*9]さんで。よかったよね、色っぽくて。加藤さんは向田さんの作品には欠かせない人だと思う。

是枝　『阿修羅のごとく』は深町さんではなくて、和田勉[*10]さんですね。

樹木　あ、和田勉さんか。

是枝　深町さんとは何度かお仕事されていますよね。お好きでしたか。

樹木　深町さんは『夢千代日記』で初めて会ったの。『夢千代日記』は、脚本家の早坂暁さんから脚本が原稿一枚しか来なかった。それでも深町さんはつくっていったから、力量のある人だなと。脚本が一枚しかないので、ロケではただ風景を撮るのよ、零下四度の外の風景を。それで画づくりはＮＨＫのスタジオの中で行った。その努力といったらね……。深町さんはもちろん評価されている方だけれど、やっぱりこう……演出するときに抑えている部分があった人なのね。普通に「そこをこうしてくれる？」と言えばいいんだけど、「あなたがおいでになる」「ここへいらっしゃる」「お振り向きになる」とかそういうふうに言う。もっと普通にすればいいのに。本人もそういう言い方をしているうちに頭にきちゃうのか、いきなり爆発するんだけど（笑）。でも、この人は本当に芝居が好きなんだなと思いました。深町さんは早坂さんと組んでNHKのいい時代をつくったなと思います。

話を戻すと、私は和田さんの『阿修羅のごとく』は観ていないんですよ。ただ何かでピックアップしたものを観て、「あら、加藤さん、いいじゃない！」と思った。あんなものは瞬間でもわかりますもんね、佇まいというかね。

是枝　もし僕が『阿修羅のごとく』をやるとしたら誰でできるかなと、ときどき考えるんです。具体的にそういう話があるわけではまったくないんですが、希林さんを向田邦子の脚本で撮るというチャンスがもしあったら、それはやりたいなと。

樹木　へえ、ありがたいですね。私、向田さんのお母さんにも会っているし、家にも行ったことがある。向田さんから譲り受けた猫も飼った。結構付き合っているんです。だけど、作品としては『寺内貫太郎一家』[*11]で決別という感じかな。どうして決別しちゃうのかね、私は。いまは決別する元気がない。力がないの。それに、人のよさがわかるようになってきたのもある。

是枝　向田さんと決別してしまったのはなぜですか。

樹木　決別というか、『寺内貫太郎一家』のあと、彼女はがんを患われたこともあって、それからは良質なエッセイを書くようになって、さらに文芸作品のほうへ行ってしまった。こちらは相変わらず『ムー』[*12]とか『ムー一族』[*13]とかバカなことをやっていて。しかも私が（演出家の）[*14]久世光彦《てるひこ》さんと絶縁[*15]しちゃったから、結局は一緒に仕事をしなくなっちゃったのね。久世さんは向田さんとやるから、私はもちろんやらない。その中には入らないから。それで私は『夢千代日記』のほうに行ったの。

　私が久世さんと喧嘩したことを一番気にしていたのは、森繁さんだったね。ポツッとひと言、「希林ちゃん、久世さんと仕事しないの？」と。もう一度久世さんとやるようになる前のことです。私は森繁さんのこと大好きだったし、みんなも森繁さんが好きで、森繁さんもみんなを好きだった。だから、私と久世さんが仲違いしたままなのは寂しいものがあったんだと思う。でも、あのままずっと続いていたら、どこかでくたびれていたから。無様な姿を見せて終わりだろうなって。

是枝　もう一度久世さんと、というのは、『坊っちゃんちゃん』[*16]？

樹木　だったかな。

是枝　調べると「久世さんとの和解作品である」というのが出てくるんですが。

樹木　その和解したっていうのがぜんぜん記憶にない（笑）。

是枝　（笑）でも、そのあと何作か久世さんとやっていますよね。

樹木　うん。でもあらためて久世さんとやり始めても、向田さんも亡くなっていたし、お互いにかつての冴えはもうない。過去の貯金で食っているという感じかな。だから本当だったらもういなくていいんですよ、この婆さんは（笑）。

そういう意味で私は是枝さんと出会えたことをありがたいと思うのね。出会う前に撮った『東京タワー　～オカンとボクと、時々、オトン～』という作品に対しては慙愧《ざんき》に堪えないというか、美術もあんなにみんな頑張ってやったのにもったいなかったという想いがずっとどこかにあったんです。私は無知なんですよ、無知。映画というものを知らない。うちの夫（内田裕也）[*17]にも「お前が映画に出始めたのは最近じゃねえか。それで偉そうなことを言うな」とよく言われる。言ってはいないんだけどね……いや、言ってるか（笑）。でも、映画というものに思い入れがなかったゆえの無知というのが、はっきりと『東京タワー』で露呈して、もっと映画を観ておけばよかった、もっとわかっておけばよかったと思ったんです。そういう申し訳なさがあったから、是枝さんに出会ってホッとしました。

是枝　雑誌『SWITCH』の『東京タワー』[*18]特集号で、希林さんはご自分が演じた主人公の母親役について尋ねられ、このように答えています。

——もっと生きているときに生きていたかったという感じがする。そのほうが、死んだときにもっと〝なつかしい〟という感じがするんだろうと思うのね。どう生きているかということがちゃんと表現されていないと、死んだときに伝わらないと思うんですよ——。

僭越ながら、僕も映画を観たときに感じたのはそういうことだった。個人的な体験ですが、やはり自分の母親がだんだん弱って死んでいくのを一年間見続けるというのは、すごく強烈だったんです。逆に元気なころの思い出を書き綴らないと辛いくらい。それが、『歩いても 歩いても』のもとになった。

樹木　私も一応あの作品の中で生きようとはしていたんだけど、残念ながらあまり撮れていなかったわね。あんなにおかしくて悲しい役を軽々とやるには私も実力が足りなかったし、監督も含めて抱え込むだけの器量がなかった。自分が情けない。それが反省としてずっと頭に残っていたからこそ、そのあとの作品では少しはやれたかなという感じがします。

昔ね、久世さんと「ホームドラマの中で本当に死ねるか」という話になったことがあるの。例えば銭湯[*19]で下働きをしている人がドラマの中で死んだときに、世間の人が「昨日、あの人死んじゃったね」と悲しむことのできる生き方をしようよと。ドラマの中で魅力的に生きていれば、死んじゃったときに喪失感を抱えてくれるんじゃないか、そうなればホームドラマは成功なんじゃないかと久世さんは言っていて、本当にそうだなと思った。ドラマでも映画でも、どれだけ生きるか、どれだけ生きたかということに尽きるんです。まあ、撮影しているときは台詞で精一杯になっちゃって、そういうことはほとんど忘れているんだけど（笑）、それが役者の基本だと思うんですよ。

是枝　僕もそう思います。作品の中で、どうちゃんと生きているか、生活しているかというのが本当に大事。

樹木　それをちゃんと感じてくれて、撮ってくれる人が実に少ない。

是枝　たぶん、監督や演出家も台詞を撮るので精一杯になっているんでしょうね。

樹木　役者と監督、双方でそれができた数が多いほど、いい映画になっていくんじゃないかな……。

是枝　希林さんは必ず何かしながら台詞を言おうとしますよね。台詞を言うためにそこにいるのではなく、何かのついでに言う。それがやっぱりなかなか難しいんだと思います。

今回の『海街diary』では四姉妹に、意識的にそれを課しているんですね。みんなすごく上手で、とにかくバクバク食べながら台詞を言ってくれるんだけど……。最近、特にテレビドラマの世界ではそういうことが要求されない、クリアな台詞だけが求められている感じがするんです。もったいないなと思って。

樹木　そうですね。役者はバストアップだけうまけりゃいいってものじゃなくて、引いて撮っても動けるといいんだけど、なかなかそういうものが要求されなくなっているわね。そこを是枝さんのようにちゃんとやってくれる監督がいれば、ここからの二十年ですごい役者も出てくるだろうと……思いたい（笑）。

ところで、『海街』の出来はどうなんですか？　うちの娘がCMかスポットで観たらしく、「やっぱり観たくなるようにつくっているよね」って言っていたけど。

是枝　（笑）ありがたいです。自分で言うのもなんですが、「この四姉妹をずっと見ていたい」と思えるものになったんじゃないかなと思います。

樹木　映画の中で一人ひとりが生きている、ということですね。ちょっと安心しました。

希林さんと大竹さんの共演シーンは、極楽寺で撮影した法事が最初だった。綾瀬はるかさんのファンだという住職が用意してくれた風通しのよい部屋までふたりをお連れし、今日の撮影の段取りなどを説明しようと台本に視線を落とした隙に希林さんはいきなり、

「ねえ、あなた三人の男たちの中で誰が一番好きなの？　服部[20]（晴治）さんとさんまさんと野田さんと……」

と、とんでもない質問をぶつけた。大竹さんは「えー、そんなー。順番なんてつけられないですよー」といつもの調子で笑っている。僕は内心ヒヤヒヤして、ここにいるべきか立ち去るべきか、腰を半分浮かしたままオロオロしていた。その戸惑いを察した希林さんが「監督、忙しいんだから付き合わなくてもいいわよ」とひと言。このまま質問攻めにされた大竹さんが気分を害して「帰ります」などと言い出したらどうしようという不安と、誰なのか答えを聞いてみたいという興味本位の好奇心がわき上がったが、結局後ろ髪を引かれる思いで席を外した。

『海街ｄｉａｒｙ』は希林さんとの四本目の映画ということになる。

その現場で綾瀬はるかさんとおはぎを食べるシーンを撮影したときのことだ。[*21] 座るやいなや希林さんは綾瀬さんに向かって「あなた、その顔はどこもいじってないの？」と問い掛けた。「はい、いまのところどこも」「へえー、そうなの。いいわねー」「ありがとうございます」と、綾瀬さんは屈託のない笑顔で希林さんの暴力的な視線と言葉を受け止める。「あなたさあ……誰に似てるって言われる？」「そうですね、えーと、奈良のほうの仏像とか……」「仏像？」「あ……般若！　般若に似てるって言われたことあります！」「般若かあ……」

一歩間違うとお芝居を一緒にするどころではなくなる危険性をはらんだやりとりではあったが、どの質問も逃げずに受け止め投げ返した綾瀬さんの人柄に希林さんも好感をもったのか、撮影が終わるころには「あなた……、美しいっていうのは何よりの才能よ」と珍しく褒めていた。しかし、みんなが綾瀬さんのような対応をできるわけではない。「二度と会いたくない」と希林さんが思う数以上の役者や監督が、希林さんの名前を聞いただけで、言葉を失ったり目が泳いだり、天を仰いだりしているはずだ。

インタビューに出てくる演出家の深町幸男さんや[22]せんぼんよしこさん、[23]鈴木清順監督など、希林さんはその出会いにご縁やなんらかの恩を感じた相手の作品には律儀とも言える態度で出続ける場合もあれば、向田さんや久世さんのようにさまざまな事情から絶縁してしまう場合もある。一本目の『歩いても 歩いても』で信頼していただいたという多少の自負のようなものはあったが、それでもやはり一本一本が勝負であることに変わりはなく、「関係」や「信頼」に甘えた態度や演出をしたら「もうこの監督とはこれが最後」といつ言われるかわからないという不安は頭の中から消えていなかった。それだけ自分にも他人にも厳しい人である。

　実は大竹さんと希林さんとの共演はせんぼんよしこさん演出のテレビドラマですでに何度かある。DVDにもなっていないので観返す機会もあまりないし、フィルモグラフィにも載っていないことが多いのだが、例えば一九八八年に放送された[24]『明日《あした》　1945年8月8日・長崎』というドラマ。日本テレビ開局三十五周年記念特別番組で、脚本は[25]市川森一、演出がせんぼんよしこ。長崎に原爆が投下される前日の市井の人々の暮らしを描いたこの物語の中で、希林さんは出産真近の大竹さんの母親を演じている。大竹さん三十一歳、希林さん四十五歳の共演だ。

希林さんはかいがいしく妊婦の世話を焼きながら、蚊取り線香を縁側に移し、汗でびっしょり濡れた浴衣を洗って干し、ひとときもじっとせず動き回りながら台詞を喋る。物語の中盤、末娘の婚礼写真を撮ったカメラマンを家族総出で玄関に出て見送るという、どうということのないシーンがあるのだが、ここで希林さんはカメラの前を左から右に大胆に横切り、上手にひとり移動したかと思うと身体三分の一を画面の外に出しながら、玄関から慌てて突っ掛けてきた靴を右左と履き直す芝居をする。この作品ではいろんな意味でアスリートのような見事な動きを見せているが、特にこのシーンには唸った。

カットはこのあと正面に切り替わって、見送る彼女たちの表情を捉えるのだが、希林さんが靴を履き終わるまでは背中で粘っている。恐らくせんぼんさんも、彼女のこの大胆な動きを気に入ったからこそ残したのだろう。そういうふうに芝居を見てくれる演出家だと、続けて出演するという判断をされる好例ではないかと思う。

希林さんは大竹さんとの共演作についてはあまり語ろうとしない。「役者としてはね、そりゃあ……」というところで言葉を切って、すぐにワイドショー的な話題へと話を逸らすことが多かった。僕は希林さんは大竹さんに対してはある種のコンプレックスがあったように思う。それは十代から主演女優として作品を背負い、ずっと映画やテレビの中央にいた存在に対して、である。嫉妬とは違う。自分は好むと好まざるとにかかわらず、彼女とは違う人生を歩んできた。そのことに後悔はない。ただ、自分は「そちら側」ではないのだ、という身の引き方。はっきりとは言わなかったが、大竹さんともうひとり、田中裕子[*26]さんが希林さんにとってはそういう存在だったのではないかと勝手に想像している。


極楽寺での法事の撮影が無事に終わり、希林さんと大竹さんは仲良く手を振って別れた。別れ際、「ねえ、ケイタイ番号交換しましょうよー」と話し掛ける大竹さんに、「嫌よ。なんであなたに教えなくちゃいけないの?」と希林さん。

「えー、だって一緒にご飯とか……」「アタシ、あなたとご飯なんか食べないわよ」

「えー、なんでですか?」「あなたのこと好きになりたくないのよ」

文字にしてしまうと仲違いにしか感じられないかもしれないが、この掛け合いはいつか脚本に書きたくなるような、思わず笑いがこぼれてしまうやりとりだった。

「嫌いなのよ」ではなく、「好きになりたくない」という表現が、とても希林さんらしく、それは役者として尊敬しているからこそ保っておきたい距離感だったのだろうと思う（ちなみにインタビューで希林さんが触れていた阿木燿子さんと大竹さんとの対談で「（希林さん）ヒドい人ね」と言っているのは、阿木さんではなく大竹さん。でも大竹さん、そのすぐあとに「（希林さんに）私は絶対に電話してやる！」と宣言していました）。

大竹さんを見送った希林さんは僕を振り返り、ちょっと意地悪そうな笑顔でこう言った。

「〇〇さんだってよ。一番好きなのは」

人間を観察する面白さ

是枝　山田太一[27]さんによる笠《りゅう》智《ち》衆《しゅう》[28]三部作の一作『今朝の秋』[29]についてお聞きしてもよい

ですか。これは、末期がんとなった息子・隆一（杉浦直樹[*30]）を見舞いに来た父親・鉱造（笠智衆[*31]）が、男をつくって家を出ていった元妻のタキ（杉村春子[*32]）と再会し、父親は息子を蓼科の自宅へと連れ帰り、そのあとを元妻、息子の妻（倍賞美津子[*33]）と娘がかけつける——というお話です。希林さんが演じたのは、元妻タキの営む小料理屋で働いている女性・美代でした。

樹木　そうです。

是枝　希林さん、カツラをつけていますよね。小料理屋でも病室に入ってきたときも、カツラをちょっと気にする芝居がある。脚本にはカツラのことは何も書いていません。あれは希林さんから出たアイデアなんですか。

樹木　アイデアとかじゃないの。それで現場に行くの。監督に聞いたりしないの。

是枝　しないんですか（笑）。

樹木　カツラをつけた格好で現場に入って、それでちょっとずらすとか、それだけの話。

是枝　あの作品、登場人物がすごくシリアスなんです。末期がんで死にゆく主人公と、その血縁者たちだから。そこで、希林さんの役だけがちょっと外れている。みんなが死へ向かっていく中で、希林さんだけが普通の人を演じる。そのあり方がすごく面白かったんです。あれは、作品全体のトーンを見極め、「血の繋がっていない自分がこの空間にいるとき、少し〝生〟のほうに寄ろう」と思ったのではないですか。蓼科の別荘に向かっていく途中も、牛乳を持ってきたりするでしょう。「みんなで飲もう」って。

樹木　そう、牧場で飲ませる。それで、馬に向かって「タロウ」って呼びかけるの（笑）。

是枝　タロウも脚本にはないんですね？

樹木　ない（笑）。

是枝　杉浦さんの死にゆくシリアスな芝居に対し、バランスを取って真逆にいようというのは、計算してやったことなんですか。

樹木　計算というか、自分で動いているだけなの。

是枝　自分なんだ。演出の深町さんではないんですね。

樹木　ただ、深町さんも「いいね」と言って、ちゃんと私が「タロウ」とか言ったりするのを撮ってくれました。

是枝　あのシーンが残っているのがいいなと僕も思いました。

樹木　女将さん（杉村春子）の元夫（笠智衆）に初めて会ったときに「ああ、こういう男とデキていたのね」みたいな気持ちをちょっと出したりとか、小料理屋の小間使いだったらどういう反応をするかを考えていたわけ。向田さんと久世さんと森繁さんとやってきたことを、自分なりに続けていたというかね……。

森繁さんの話、面白かったんですよ。あるとき、自分を乗せた車に自転車が突っ込んできたんだって。すかさず飛び降りて「おい、大丈夫か⁉」と声をかけたら、その子はどこかからうっすら血を出しながらも「これ、昨日買ったばっかりで……」と自転車のことを気にしているんだって（笑）。「わかった、わかった。身体は大丈夫か⁉」「いや、昨日買ったばっかりの自転車が……」って。そういうものを常に面白がる人なんです。大親友の*34山茶《さざん》花《か》究《きゅう》さんを亡くされたときも、入院先に行って「頑張れ！」って声かけたら、「ああ、繁さん」と手を出してきたんだって。それで「すごい力で俺の手をギュウッと引っ張って『一緒に行こう』って言うんだよ。いくら親友でも行くわけないだろう」って。

是枝　（笑）楽しいですね。

樹木　人間を観察する面白さというのを森繁さんには数えきれないぐらい教えてもらいました。ホームドラマってそういうのが特に必要なんじゃないかな。演じて何かというのではなく、自然と息づくようにそこにいられること。

是枝　希林さんが森繁さんと出会った『七人の孫』は、同じく新人だった向田さんや久世さんを売れっ子にした作品でもあり、久世さん自身もこのドラマで学んだことが大きいと書かれています。例えば、森繁さんがトイレの設計図を見ているというシーンで、「夏目漱石全集を用意してくれ」と突然言い始めて、和式トイレの金隠しの形に漱石全集を置いたこともあったんですよね。

樹木　そう、高さを調節するのにね。金隠しのように漱石全集を置いて、位置を自分で確かめている会長の役。ただ木を積んだりしたのではひとつも面白くないけれど、漱石全集を使うことで、この会長も苦労もしたし勉強もしたであろうというのが見えてくる。そうやって森繁さんはあらゆるところで「久世ちゃん、それじゃないんだよ」みたいなことを言っていたと思う。小道具ひとつでも「これは違うな」と。だから最後のほうは、トバリさんという美術トップが森繁さんから「バリちゃん、なんかここにね」と言われるだけでピンときて、準備ができちゃってた。すごい連携でしたよ。

そういえば、ドラマが終わったあと、森繁さんが『じいさんと女中』というドラマをつくりたいって言ったのよ。やらなかったけど。

是枝　それはもったいない。

樹木　ＴＢＳの局長で、ドラマ『私は貝になりたい』[*35]をつくった石川甫《はじめ》[*36]さんという方が文[*37]

学座までやってきて、「この人を貸していただきたい」と頭を下げてくださって。こんな、文学座のペーペーのヤツに（笑）。でも断ったの。

是枝　なぜですか？

樹木　だって割に合わないんだもん。そのころからそうなの。割に合わないことはしない。

是枝　森繁さんが希林さんを気に入られたのはどうしてだと思いますか。

樹木　さあ、わからない。ただ、『七人の孫』のときはシーンが終わって誰もいなくなったあと、私と森繁さんのふたりが残るような設定を森繁さんがつくるわけ。私は女中役だったんだけど、例えば女中が会長とふたりでご飯を食べるというような設定をすかさずつくる。それで私が何かしたり言ったりすると、常にカッカッカッカッと笑って、そのうちだんだんと私の手を摑んで離さなくなるから、いつも「私は新劇ですから」[*38]と言うの。

是枝　なるほど。

樹木　「私は、森繁さんのお嫌いな新劇ですから」って。森繁さん、新劇を目の敵にしていたからね。だから、個人的にはそんなに親しくならなかった。

是枝　現場だけ？

樹木　うん。それがまた私の偏屈なところで、自分が卑しい感じがしたの。あれだけのスケールの、ギャラだけ見てもこんなに違う人とくっついて歩くのは、自分が許せないと。だから傍へ寄らなかった。芝居のときだけ「はい」って寄っていった(笑)。

是枝　森繁さんは、希林さんがいたら自分の芝居が活きると思ったのか、それとも若い人たちを育てようという意識があったのか、どちらだと思いますか。

樹木　役者は基本的に自分中心ですからね。ついでに育つなら育ってほしいくらいだったんじゃないかな。

是枝　じゃあ自分の芝居を活かすために、周りにそういう人間を置いたという感じ?

樹木　そこまでの作為はない。たまたま近くに来た私が、使い勝手がよかったんじゃない?　だいたい森繁さんは自分の芝居を誰かで活かそうなんてことをしなくてもいい、自分ひとりでも成り立つ人だったから、誰がいようと何をしようと構わないんです。

……でも、なんだか私は好かれたわね。いつも嫌いな顔してるのよ。「あ、また新劇が来た」とか言って。嫌いなんだけど気になる、という存在だったのかもしれない。いまになってみるとありがたかったわね、役者としての最初に森繁さんに会うことができたのは。森繁さんに会っていなかったら、『今朝の秋』のああいうただそこにいるという芝居はやれなかった。蓼科へと向かう車内で、みんなと一緒になってしんみりと牧場を見ていたと思いますね。

是枝　その『今朝の秋』で共演された杉村春子さんは、希林さんにとってどんな存在でしたか。文学座の大先輩にもあたるわけですが。

樹木　杉村春子さんという人は、実に乙女なんです。小津[*39]（安二郎）さんの映画で「ちょっとアンタ！」なんて言ったりしている顔を見ていると意地悪そうに見えるけど、実はそうじゃない。私は、あの人の役者気質は天性のものだったと思う。

というのも、自分の年下であろうとなんだろうと演出家さんや監督さんを尊敬するの。それで、たまたま出会ったのが尊敬に値する人たちだった。杉村さんは自分から何かを発想したり、「この役はこの位置だからこうして……」と考えたりするのではなくて、あの顔とあの雰囲気でそこに佇み、ただ台詞を言う。それだけなんです。画面を見るととてもそうは見えない。杉村さんが自分で考えていろいろやっているのかなと思うけれど、普段の杉村さんを知ると、そうではない。決して悪い意味じゃなくてね。自分を絵の具の一色として、監督に預けられる人。私は杉村さんが黒澤[*40]（明）さんの芝居でも小津さんの芝居でも、「いいえ」というのを見たことがないです。ぜんぶ「はい」。あれは、責任が自分にはないと思っているからだろうと思うのね。

小津さんの最後の映画、『秋刀魚の味』[*41]のとき、私は杉村さんの付き人として撮影に同行したことがあったんです。朝早くからの撮影だったけど、私から見ても段取りだなと思うようなカットを何度も何度もやり直させられて、現場もシーンとなってしまって。小津さんはどこが悪いとか一切言わず、ただ「もう一回」と。それでとうとうお昼になっちゃって、店屋物を取って杉村さんと私のふたりで食べたんだけど、「ふんふんふん……」と鼻唄を歌っているのね。言い訳も何もなし。私に悔しい気持ちを見せまいとしているとか、そういうのでもないの。「あら、お昼になったわね」みたいな感じで。あの乙女のような素直さと明るさで、本当に監督を尊敬して委ねているわけだから、監督から見たら可愛いだろうなと思う。それに決して監督におもねっているわけでもないの。あれは私にはできないな。

是枝　僕は以前、希林さんは森繁さんと杉村さんの両方のDNAを受け継いでいるとお話したことがあるんですが。

樹木　とんでもないよ(笑)。森繁さんには「あーたは、アタシの芝居をぜんぶ取ってる」と言われました。でもね、杉村さんのそういう姿勢からはずいぶんと学ばせてもらいましたね。

三年ほど前になるが、僕が教えている大学の授業にゲストとして山田太一さんをお呼びしたことがある。一時間半の興味深いお話のあと、講師陣数人と太一さんとでお店に入り、〝おつかれ様会〟のような時間をもうけた。向田邦子と並んで最も尊敬する脚本家を目の前にし、僕はやや興奮気味だった。このチャンスに、と『今朝の秋』の希林さんの芝居について前のめりに質問した。その瞬間、常に穏やかだった太一さんの表情が曇った。

「僕は放送のあと、深町さんに電話をして文句を言ったんです」

実はこのドラマから遡ること十一年前。

『さくらの唄』[*42]という太一さん脚本の連続ドラマがあり、久世さん・希林さんコンビが太一さんの脚本を無視してアドリブを連発し、太一さんがクレームを入れ、久世さんも希林さんもそれ以降一切アドリブなしで対処したという「前科」がある。それがあっての『今朝の秋』なので、ある意味、希林さんは「確信犯」なのだ。僕は曲がりなりにも脚本も書くし演出家でもあるから、どちらの気持ちもわかるつもりではいる。確かに希林さん演じる小料理屋のお手伝いさんがカツラを直したり蒸れるのを気にしたりするのは、この作品全体の「格調の高さ」とは明らかに異質だ。僕が演出家なら、少なくともカツラの描写は編集で切ったかもしれない。「タロウ」というアドリブの台詞についても、太一さんは三十年経ったいまも納得されていないようだった。そのお気持ちも痛いほどわかる。

ただ、自分なりに希林さんを弁護すると、恐らく彼女の頭の中には(小津の)『晩春』[*43]の杉村春子がいたのではないか、と今回観直してみて思った。

『晩春』は笠智衆演じる父と結婚して家を出ていくことになる原節子演じる娘の別れを、そしてお互いへの慮《おもんぱか》りの心情を、異様なほどに「聖」なるものとして描いていた(プラトニックという意味ではない。むしろ逆ではある)。そしてそんな物語の中にあって、杉村さん演じる田口まさという役は鶴岡八幡宮に兄(笠智衆)とお参りしたあと境内でガマグチを拾い、胸元にサッと入れ、近付くおまわりさんから小走りに逃げていくような人物であり、まさに「俗」そのものとして存在している。『晩春』が傑作になっている理由の半分は、僕はこの聖なる父娘の対極にいる杉村春子演じたまさのリアリティにあると思うのだが、希林さんが『今朝の秋』で目指したのは作品の中におけるこの杉村春子的「俗」だったのではないか。

問題の牧場シーンであるが、脚本では

蓼科・牧場

レンタカーが停まっている。鉱造・隆一・タキ・美代が、降りてその景色を見ている。口数は少ない。

とだけ書かれている。

実際のドラマはというと、牧場に車が着き、運転席から降りた美代（希林さん）はひとりだけ家族とは別の方向に走り出し、コップに入った真っ白い牛乳をお盆に載せて運んでくる。「はいはいはいはい、濃いぃの……旦那さん……はい」。そう言いながら、それぞれに配って回るのだ。鉱造（笠智衆）は受け取ってひと言、「乾杯だな……」と明るく言う。ここまでがすべて脚本にはない。美代だけひとり、脚本に逆らうように口数は多い。

『今朝の秋』には素晴らしい台詞がいくつもあり、僕は何度も書き写しているが、その中でも先に死んでいく息子（杉浦直樹）に対して老いた父（笠智衆）が、多少の前後はあってもみんな死ぬんだ。だからお前だけ

「特別なような顔をするな」

と慰めるように、たしなめるように言う台詞が印象に残る（脚本には「特別のような顔をするな」とあるが、笠さんは「な」と言っている）。恐らく（ただの憶測ではあるが）希林さんはこの台詞に触れたときに、自分はこの「特別な顔をしない」側に終始いようと考えたのだと思う。身内はみな死を目前にした男の傍で残りの三カ月、良き父を母を妻を「特別な顔」をせずに演じ切ろうとしている。希林さんの役は演技ではなく、さらにその「外」にいなくてはいけない。そう考えたはずだ。

作品のクライマックス。みなで花火をしながら、鉱造が「忘れられないのー」とピンキーとキラーズ[*44]の「恋の季節」を唄い出す。タキが家を出ていったあと、鉱造が酔っ払ってよくこの歌を唄っていたらしい。その歌声にみな声を合わせ始める。このとき、縁側近くで花火を見ている家族からひとり離れた美代が、自分の二の腕を叩き、「もう……私ばっかり食うんだからぁ……」と蚊を追う芝居をする。この

ような台詞も動作も脚本にはまったく存在しない。蚊取り線香の焚かれている描写はこれ以前にワンカットある。花火を見るために縁側に面したガラス戸は開け放たれている。夏の蓼科である。セットでの撮影だとどうしても想像が膨らまなくなるが、誰かが蚊を気にするべきではないか？　するなら私だろう……。そう希林さんは考えたに違いない。僕は作品を見渡した上で絶妙のバランス感覚で自分の置き所を決めていくその役づくりは希林さんの真骨頂だと思うので、ここでの振る舞いは評価したいと思っている。少なくとも彼女はこの役で、かつて自分が付き人をしていた杉村春子を向こうに回し、勝負しようとしたのだ。だが、残念ながら希林さんが太一さんの作品に呼んでもらうことは、これ以降一度もなかった。

「いつか山田太一さんが書いた希林さんを演出してみたいです」

地下鉄の早稲田駅の階段でお別れするとき、僕は本心から太一さんにそう言った。やはり、夢は口にすると叶わないものである。

久世光彦が森繁久彌の聞き書きをまとめた『今さらながら　大遺言書』[*45]という本の中に、森繁さんの希林さん評が載っている。少し長いが引用する。

――あの子は頭がよかった。人並み外れてよかった。芝居に役に立つ頭の良さで、誰に似ているかと言えば三木のり平ですかね。しかし、いまだから言うけど、のり平も及ばなかった。芝居の発想がいい。とんでもないところから、いきなりサッと飛んでくる。その上、間《ま》がいい。相手の芝居が立つように、ちゃんと按配してくれる。何て言ったってやり易い。人の芝居を食う奴はいくらもいますが、相手の芝居を立てて、それで逆に、自分の芝居の値段も上げる役者は、そういるものじゃありません。天才なんですかねえ。――

――あの子は、ほんとうの意味での〈インテリ〉なのだと思います。他の分野には、たとえば山藤章二[*46]さんがいます。この人もほんとうの〈インテリ〉です。でも、芝居の世界にはなかなかいない。いちばん感心するのはどんな奇矯な恰好をしても、どんな嫌らしい役をやっても、フレームアウトした後に、女の可愛らしさを見ている人の記憶に残すことです。たいていの役者は、その場でとり繕《つくろ》うものです。余韻とでもいうのでしょうか。あの子はそこまでできる役者なんです。――

そうして森繁さんは「だからいま私は樹木希林と芝居がしたい」と締めくくっている。久世さんが嫉妬するほど褒めたのは、恐らく久世さんにそういうドラマを撮れという無言の圧力なのだろう。久世さんもその言葉を受けて、「ここは私の出番かもしれない」と書いていた。

糾える縄の如き世界にて

是枝　もう少し詳しく、久世さんのことを聞かせてください。久世さんは「テレビで遊ぶ」ということを一九七〇年代にずっとされていて、希林さんはそんな久世さんと一緒に遊ばれた人だと思うんですね。僕らはそれを観て育った。そこに向田邦子さんとかマチャアキ（堺正章）[*47]とかも加わって、僕らはまさにそれをテレビのドラマだと思って楽しんで観ていた。その後、向田さんは、いろんな事情があったにせよ、シリアスな方向に行かれた。そして一九八一年に飛行機事故で亡くなられました。

一方の久世さんも、向田さんが亡くなったあとは『向田邦子新春シリーズ』[*48]という、ある種それまでの「遊び」から一歩離れて、シリアスなほうへと向かっていった。そんな中、希林さんは久世さんと決別して、その後も遊び続けたじゃないですか。

樹木　要するに、私はシリアスなところに……。

是枝　行かなかった。

樹木　何か作品を残そうとか、そういう感じはね。

是枝　なかったと思うんです。だけど、久世さんも亡くなられて、希林さんもスッと、別にシリアスに向かったわけではないけれど、なんとなくこの三人はそれぞれがそれぞれの死を受け入れたあとに作品の選び方や、ご自身の在り様というものを変化させていった気がするんです。希林さんはそんなこと意識されていないと思うけど。

樹木　私の場合はまったく意識してない。芸能界、芸能活動において自分の作品を残そうとか、芸術作品だとか、そういう思考がない。もちろんいいものはいいと思うけれど、そこへ行こうなどとは思わない。

是枝　例えば久世さんは「向田さんが生きていたらたぶんこういうものをやろうとしたのではないか」という作品をつくり続けていったような気がするんです。しかも、久世さんは亡くなる前に希林さんといくつか仕事をご一緒されている。久世さんは希林さんと一緒に育ってきた、一緒に楽しんできた同志だと思うんです。希林さんはいま、「久世さんだったらどういう演出をするかな」とか、そういうことは考えますか。

樹木　まったく考えない。ただ是枝さんの映画を観て、きっと久世さんは妬むだろうなとは思います。でも妬んでいるとは絶対言わないし、言いたくないから、煙草を咥《くわ》えながら「あそこはさあ……」とか能書きを言うだろうなという気はするけれど(笑)。あの方は演出家としては、是枝さんのように深く真摯に向き合うタイプの人じゃないんですよ。そういうときもあるけれど、私と久世さんの共通点は瞬間芸みたいなもので、持続しない。久世さんは技量、力量があるから見せちゃうけれど、諦めも早い。演出を深く掘り下げようというのはあまりない。それよりは、いい女がちょっとこっちを向いてくれたほうがいいという人です(笑)。

是枝　(笑)そうなんですか。

樹木　いい意味でも悪い意味でも、男のつまらなさと面白さをもっていた。だから、久世さんと芝居についてじっくり話をしたことはない。

是枝　ホントに？

樹木　うん。ただ一回、亡くなられる三カ月ぐらい前かな。あまりにうちの夫が「久世とデキてただろう」って私のことを疑うからね。私はもう否定するのも面倒くさくなったからしなかったんだけど、電話で久世さんに「どうして私たち、デキなかったんですかね？」と訊いたの（笑）。「私はその気もないし、久世さんもないでしょうけど、デキる状況はいくらでもあったのに何もなかったですよね」と言ったら、久世さんは「君は非常に危険な感じがした」ということを、何か上手い言葉で言ったのね。同時に、私たちのものづくりは百二十パーセント面白かったから、色恋みたいなつまらないことで関係を壊したくなかったと。久世さんとはそれきりなんですが、聞いておいてよかったなと思って。

芸能界というのは本当に凄まじいくらいの色とか欲とかがザーッと流れているけれど、一方ではすごく静謐《せいひつ》な、綺麗なものがザーッと流れていることもある。それらが糾《あざな》える縄の如くある中でどうやって生き残っていくか、という世界なんです。生き残るためにやっているわけじゃないよ。でも、生き残ってきた人を見ると、それなりに……なるほどねと。だから面白い。お坊さんの修行みたいに極めていく世界だったら、とてもじゃないけどやっていけない。でも、この魑魅魍魎《ちみもうりょう》が跋扈《ばっこ》する世界だからこそ、いいなあ、面白いなあと思います。

振り返ってみると、それぞれ自分が生きようとした道に結局は立っている。久世さんも向田さんも森繁さんも一世を風靡しただけの魅力は確実にあったし、彼らに出会えた私はラッキーだったなと思いますね。


残念ながら久世さんとは直接お会いするチャンスはなかった。ただし、僕がテレビの世界に入る〝入口〟のところで彼との大きな出会いがあったことは事実である。自分史にまつわることで申し訳ないのだが大学卒業を間近に控え就職活動をしていた僕は、すべての放送局を一次面接で落とされ、最後に残ったのがテレビマンユニオン[*49]という番組制作会社だった。ある意味、放送局以上に憧れを抱いていた制作者の集団だったので、ここに受かったら傷つくだけの就職活動などもうその日にやめてしまおうと考えていた。

テレビマンユニオンの本社は赤坂の一ツ木通りに面したビルの三階と四階にあっ

た。最終面接前に控え室で読まされたのが、「五十年生きてきて二十五年ひとつ仕事をしてきて、私には〝顔〟がない……」と題された久世光彦のエッセイだった。

――(前略)顔のない恥辱を、自分の才能や、人間の器量や、人生の貧しさのせいにするのはあまりに淋しいことである。首でも縊《くく》るしかない。首を縊って葬儀無用とでも書き遺すしかない。それではあまりに口惜しいから、私は五十になっても〈似非《えせ》〉の顔しか持ちあわせない情無さを、いままで携わってきた仕事のせいにしようと思う。これまで食べさせて貰ってきたテレビの仕事である。(中略)テレビは遊びだ、などという台詞が淀みなく言えるうちはまだいい。もうそろそろ、私は吃《ども》ってしまう。賢い子はいつの間にかお家へ戻って、ひとりで勉強しているというのに、未練がましく夕闇の中でうろうろ仲間を探しているなんて、哀れな図である。(中略)死ぬときの顔が欲しいのである。遊びが似合う年ごろで、懸命に遊んでいたうちは良いが、もう正気では遊べない。このままでは遊び半分になってしまう。恩義のあるテレビに、遊び半分では申訳ないと思うのである。(後略)――

そこには五十歳を越え、集団作業であるドラマづくりから自分の興味が離れ始めている、という久世さんの正直な感慨が記されていた。

呼ばれて入った会議室には「メンバー」と呼ばれる十二名ほどのディレクターやプロデューサーが一列に並んでいた。

エッセイの感想を聞かれ、

「久世さんも歳をとったんだと思います」

と僕は正直に話した。テレビディレクターがキャリア半ばにして集団作業から足を洗おうとする態度に対し、軽蔑とは言わないまでも否定的なニュアンスで話したと思う。正面に座っていた坊主頭のギョロ目の男が「その言い方はテレビ界の先輩に対して失礼だろう」と声を荒らげた（この方、碓井さんといって、四年後にレギュラー番組でボツを出し途方にくれていた僕をフジテレビの「NONFIX」[*50]という番組のプロデューサーに紹介してくれることになる恩人です）。面接であることはわかってはいたが、カチンと来た僕は、

「テレビというのはつくり手の顔や名前といった作家性に閉じないところにその魅

力があり、それが映画や小説とは違うテレビのアイデンティティなのではないか？テレビマンユニオンというのはそのような哲学でテレビを捉えた上ででき上がった集団ではないのか？」

と二十四歳の生意気盛りの青年らしく、そのような意味のことを口走った（恐らくここで書いたほどには整理して喋れなかったはずだが）。大人にしてみればただの頭でっかちな感じの悪いヤツだったはずで、いまの僕が試験委員だったら絶対に不合格にするところだ。

（あ、落ちたな。それにしてもなんてムカつくヤツらだろう）

そう思いながら家路についたのだが、後日合格の連絡をもらい、嬉しさ以上に複雑な気持ちになった。それがよかったかどうかはわからないが、この「合格」によって映画ではなくテレビの道に進んだことは、僕の中では「久世さんのおかげ」ということになっている。

前掲のエッセイの後半、久世は小池光[*51]の《死螢のぽつりと落ちて秋立ちぬ草の子供のそしてそれから》という短歌を引用し、次のように続けている。

——テレビドラマの仕事については、私は自分を季節はずれの螢だと思っている。夏の間、幾度か光ったような気もするが、それもいまとなっては短い夜の幻だったようにも思われる。涼しげな浴衣を着て、手に手に団扇を持った人たちにちやほやされた覚えもあるが、あれは夢だったのかもしれない。競って光っていた仲間たちもいまは散り散りである。早晩、螢はぽつりと落ちる。そして秋が立つ。——

自分も齢五十をとっくに過ぎたいま、このエッセイの感想を訊かれたら「歳をとった」とは言わない。「久世さんは孤独だった。寂しかったんだと思います」と、そう答える。希林さんとは絶縁状態。向田邦子はもうこの世にいない。その哀しみへの想像力が二十四歳の僕には欠けていた。久世さんはこのエッセイを書いた翌年、『昭和幻燈館』[*52]で作家デビュー。螢は生まれ変わって、また別の輝きを放つことになる。

以前、日本[*53]のテレビバラエティ史を振り返るような番組をつくったときに、希林さんと久世さんのドラマはずいぶん観直した。

『七人の孫』は残念ながら映像が残っておらず、僕の記憶の中で一番古い（若い）希林さんは『時間ですよ』[*54]の「浜さん」ということになる（ただ、最近DVDになった一九六六年放送の『とし子さん』[*55]という希林さん主演の連続ドラマは、かつての見合い相手として渥美清さんが登場したりとエピソード的にも『七人の孫』を受け継いでいることもあり、『七人の孫』で希林さんが演じた「おとしさん」を想像できる）。

この『時間ですよ』は一九七〇年にシリーズが始まるが、遡ること五年前にTBSの東芝日曜劇場の枠で放送された単発のプロトタイプが存在している。脚本は橋田壽賀子[*56]で、放送後の評判がよく、シリーズ化が決まったようだ。しかし、『「時間ですよ」を作った男—久世光彦のドラマ世界』[*57]（加藤義彦著）に記された経緯によると、当初キャスティングされていた岡本信人[*58]と沢田雅美[*59]を、久世がプロデューサーである山本和夫に「考えていることがあるから、ふたりを代えたい」と堺正章さんと希林さんに強引に変更させたらしい。岡本と沢田は当時大人気だった正当派のホームドラマ『肝っ玉かあさん』[*60]の出演者であり、のちに橋田脚本の『渡る世間は鬼ばかり』[*61]のレギュラーになることを考えると、当初この『時間ですよ』で何を目指していたかがよくわかる。

シリーズ第一回の演出を担当した久世は、堺と樹木に脚本にはないアドリブのシーンをふんだんに用意した。それを放送で観た橋田が三話で脚本を降りてしまう。大事件である。しかし、その降板によって結果的にこのドラマが七〇年代の、新しい、ポップなホームドラマとして誕生し、大きな潮流をつくっていくことになるのだから面白い。

『家の匂い　町の音』[*62]という久世さんの本に「『時間ですよ』のころ」と題された短いエッセイが収録されていて、その中でこの第一回の『時間ですよ』の脚本について触れた箇所がある。息子の嫁が初めて家にやってきた日のこと。ことあるごとに息子が嫁の側につく姿を見て、姑役の森光子[*63]がこう言う。

「息子が嫁をもらうってことは、家族は一人増えるんだと思ってたら、減るってことなんだねえ」

僕は必ずしも橋田ドラマのよい視聴者ではないが、確かにこのセリフは印象に残る。久世さんも「名台詞でした」と記している。

しかしその後、久世さんと橋田さんが一度もコンビを組んでいないことを考え合わせると、この「名台詞」というものを久世さんは必要としなかったのではないかと思うのだ。少なくともテレビドラマというものを、その脚本というものを、従来の「演劇」や「映画」におけるそれとは違う捉え方をしようとしたのだと思う。そこに一番共鳴したのが、希林さんだったのだろう。

演技のレベルだけでなく

樹木　以前、『朝日新聞』のインタビュー欄[*64]で政治について是枝さんが非常に優しい言葉で語ったことがあるでしょう。貴乃花[*65]が右膝を怪我しながら武蔵丸[*66]との優勝決定戦に勝って、当時の首相だった小泉純一郎[*67]さんが「痛みに耐えて、よく頑張った。感動した！」と叫んでトロフィーを渡した。それはそれでいいけれど、敗れた武蔵丸になぜ触れないのか。怪我を押して土俵に上がった貴乃花と戦わないといけない武蔵丸や、彼を応援している人の気持ちになぜ目を配れないのかと。そんな例を引きながら政治を簡単な言葉で喋っていて、すごくいいなと思ったんです。それまでも映画監督としての物事の選び方はセンスあるなと思っていたけれど、その新聞記事を読んで、ものをつくるひとりの人間として信頼が増したんですよ。

だから、あなたがこれから違う道に進んでも、それはぜんぜん大丈夫だし、これからの二十年は自由に羽ばたいてもらいたいなと思うのね。是枝さんがひとりの役者を違う作品で何回も使うというのはわかるけれど、観客としてはちょっと毛色の違ったキャスティングも観たいなと思うわけです。

是枝　オファーしているのに「この役は◯◯さんのほうがいいんじゃないか」と別の女優さんの名前を出してくるのは、希林さんだけです（笑）。でも、それはなかなか他で経験しないから面白いなと。

樹木　だって、本当にそう思うから。『歩いても 歩いても』のときもオーディションだと思っていたから、「私以外の候補はいますか」と尋ねたら、是枝さんが「◯◯さん」と言って、「あ、その人よりは（この役には）私のほうがいいかもしれない」と言って帰ったのよね。

是枝　それ、何度も言っているけど（苦笑）、僕は他の人は考えていなかった。希林さんが「私が断ったら誰に頼むつもりなの？」としつこく言うから、あの場で一生懸命考えて名前を出したんです。

樹木　読者の皆さんに誤解のないように言っておくと、その女優さんもすごく魅力的なんですよね。でも役柄が、大病院の医者の美しき妻ではなく個人病院の医者の平凡な妻だったから、それなら私のほうがいいかなと思ったの。……どうしてそう思ったのかな。あのときはもう、がんになっていたのかな。なってたんだな……。まあ、とにかく私は、この脚本には何が一番ふさわしいかをついつい考えてしまう質《たち》なんです。

是枝　プロデューサーの目というか。

樹木　あ、そう、そうかもしれない。えーと、是枝さん、いくつになりました？

是枝　五十二になりました。

樹木　そうすると二十違うんだ。私、七十二。五十から七十、ここが肝心ですよ。一番いいときですよね。

是枝　五十代のころはどんなことを考えていましたか。

樹木　シニア向けの……シニアというのがいくつからなのか知らないけれど、その世代に向けた雑誌が出るというので、表紙になったことがあるのね。そのとき、表紙というのは嫌だなあと思った記憶があります。まだ病気も出ていないころでしたしね。
　それからの十年ぐらいで病気が出始めて、いま七十過ぎて、だいたい病気が自分の手の内に乗っかるようになって……。五十代は何か考えたのかな。来し方行く末というのはあまり考えない質だからね。私は七十過ぎて、これからが一番いいときだと思っています。何も考えないでいればいい。この芸能界という有象無象《うぞうむぞう》の世界の中で、結局は自分も含めていろんな人を引っ掻き回してきたけれど、七十過ぎて、いまはここがすごくいい居場所だなというのが実感です。
是枝　例えば振り返ったときに、五十といえばあの作品をやっていたころだなと思い出すことはあまりないですか。
樹木　聞かれれば思い出しますよ。『美空ひばり物語』[*68]で美空ひばり[*69]のおっかさん役をやったのは四十五歳ぐらいだったかなとか、ＮＨＫの連続テレビ小説『はね駒』[*70]で主人公の母親を演じて芸術選奨[*71]をいただいたんだけど、あれはまだ五十いってなかったなとか。でもそんな「こういうものをやりました」と大きな声で言えるようなものはね……。そのわりに人の作品には文句言うわね。

是枝　（笑）その文句を聞くのも楽しいんですけどね。

樹木　まったく、私もどうしてそうやって他人のことを言うかねえ。それが気になっているかというと、別に気になってはいないんだけど。といって、批評家みたいにきっちり分析して何か言うのでもない、ただ井戸端会議みたいにパッと言うだけ。それで今日まで来ちゃったわね。

是枝　以前、『奇跡』の撮影で鹿児島に滞在していたときに、天ぷら屋のカウンターに並んで座って希林さんが橋爪功[*72]さんといろんな役者のお芝居の話をしているのを聞いていたら、悪口は悪口なんだけれど、同時にすごく豊かな演技論になっていたじゃないですか。センスがひとつ通っていたというか。

樹木　あ、そう？　そういうふうに言ってくれるならいいんだけど。

是枝　おふたりの中で「こういうものは嫌い」というものが共有されていて、面白かったです。

樹木　でも、歳を取ってこうやって自分もヨレヨレしてくると、あまり自分の好みの枠の中に入らないものも、存在だけは認めるようにはなってきました。七十過ぎてからかな。以前は存在すら否定していたけれど、いまは私がとやかく言う筋合いのものではないということがわかって。自分がそれほどのものでもないと思えたからかな。
監督は役者を選ぶときに、「どうしても嫌だな」と思うことはないの？

是枝　嫌だな、ですか。

樹木　嫌だなというのは変か。監督はそうではなくて、「ああ、これはいいな」というところで選んでいくわよね。

是枝　役者を見ていて、「こういうお芝居する人、好きだな」とか、「あんまり馴染まないな」という好き嫌いはありますが……。選ぶ基準がもう少し別のところにあるような気がするんですよね。

樹木　女として、というのはあります？

是枝　女として見て魅力的だから選ぶということ？　それはないです。

樹木　ほろりといくところ、というのは？

是枝　ほろりと（笑）。いや、自分の選んだ女優を撮って、それでほろりといくことはあるけれど、ほろりといっているから選ぶということは、いままではしていないと思います。もちろん、撮っているときはその子のことを自分なりにかなりの集中力で見ているし、それだけ人のことをじっと見るというのは、やはり好きじゃないとできないですし、じっと見ていればやっぱり好きになってきますし……。そういうことはありますが、最初から「こいつを現場で落としてやろう」なんてことはないです（笑）。

樹木　まあ、落とす、落とさないは別としても。

是枝　ただ、一本やってみて、この人ともう一回やりたいなと思うのは、やはり現場で一緒の空気を吸って、何か共有できるものがある人。そういう人と繰り返し一緒にやっていくことが多いかな。

樹木　それは観客からしたらつまらないだろうなと思ったことはない？

是枝　あまりない。自分がもうちょっとこの人とやれるなと思ったら、もうちょっとやりたい。

樹木　ああ、そう。「もうたくさん」とお客さんが思っているだろうなとは思わない？

是枝　思わないです。自分がそう思ったらやめますが。

樹木　ふうん。そんなに人間って深く掘り下げられるもんですかねえ。

是枝　例えば、一度こういう役をやったから次はそれとはまた違うタイプの役で、という形でオファーをしているわけではないんですよね。役がどうこうではなく、「もうちょっとこの人とやりたいな」と思う。「これは前もやったからやめておこう」とか「お客さんはまたかと思うんじゃないか」といったことは考えない。自分で「今回は変えてみようか」と判断することはありますが。

樹木　というのは、〝樹木希林〟みたいなものを……、これ以上この婆さんから何も出てこないのに出演をもう一度お願いしてきたり、こうして何か話を聞いてみようと思ったりするのは、いったいなぜなのかなと。もちろん人間だからいろんな角度から話せることはあるけれど、私は（と歌い出す）♪これっきり　これっきり　もう　これっきりですね〜、という感じのキャラクターですから（笑）。

是枝　いやいや。以前も「自分にそんなにいろんな役をオファーされても、引き出しがないからできない」と言われたけれど……。脇役である『海街ｄｉａｒｙ』は置いておくとして、『歩いても　歩いても』と『海よりもまだ深く』では、でき上がってくるものはぜんぜん違うんですよ。

樹木　それは、衣装も名前も設定も違うとはいえ、出ている人間の声や身体は一緒なんだから、でき上がるものが違うのは是枝さんの監督としての力量なんだろうと思うのね。役者としてはただ「おはようございますー」と出ていっただけという感じ。

是枝　同じ監督から何度もオファーされるのは嫌ですか。

樹木　嫌というか、なんだか恥ずかしいなあと。……かといって、別の扮装をすれば変わったように見えるかというと、そういうものではなく。見えていないところが変わっていないといけないと思うというか。

是枝　確か「何か拠り所のある役のほうがやりやすい」とも言っていましたよね。

樹木　あ、是枝監督の現場でやりにくいということは一切ないです。監督の映画づくりは、たぶん出た人はみんなそう思うと思うけど、逆に中毒になるぐらいだから。私も本来もっているものよりも評価が上がるから、「そうか、これであと二年ぐらいは食えるかな」と。そんなタイプの人間だから、私は（笑）。

是枝　（笑）

樹木　だから何度オファーされても嫌ではないんだけど、現場で監督がものすごく集中して芝居の中に入っていくのを見ていて、ああやって役を感じながらやっているんだなと思うと、これはやっぱりいい場所にいさせてもらえたなと実感するわけね。と同時に、それは一回こっきりだろう、そう続くものではないだろうという感じもある。もし続くのであれば、こちらのレベルももっと高く、人としての格というか、言葉が変だけど、霊格も豊かにしておかないとまずいなという想いがあります。それでも撮影が終わっちゃうと、さっと忘れるんだけどさ（笑）。つまり、お仕事が続くことは私としてはありがたいけれど、私が監督に尋ねたいのは、私のどのへんにこだわりになられるんですかってことなのよ。

是枝　うーん。なんだか褒めにきた感じになってしまうのですが（笑）。

樹木　それだけは言っておいてくれないと。

是枝　そうですか。希林さんのお芝居が好きなのはもちろんなんですが、ご一緒していると、「ちゃんとした監督になりたい」と思うんです。

樹木　またこんないい加減な人をつかまえて。

是枝　いやいや。言葉が難しいな。「この人はちゃんとした演出家だ」と本当に思ってもらえる存在でいたいと思える役者がいるということは、演出家にとって大事なことだと思っていて。役者のお芝居をちゃんと見て、役者に「ああ、そういうところを見るのね」と思われる、芝居を通したコミュニケーションが取れる演出家でありたいと思っているんです。僕の掌《てのひら》で役者を並べ替えて転がして、「私の世界の中の住人になっていただきます」ということではなく、もう少し背筋を伸ばして対峙する相手として、希林さんを僕は選んでいるという感じです。

樹木　うーん、そうか。私の場合、それはまったく無意識なんでね。無意識だけど、是枝さんというひとりの人間の魅力、存在、生きてきた歴史にすごく豊かなものを見て、いいなあと感じているのがまずあるのね。私自身は撮影が終わると台本をパッと捨てちゃう失礼な役者で（笑）、他人と比べずに面白がって平気に生きられればいいやというところで今日まで生きてきた人間なわけよ。でも、そうやって是枝さんが、自分ですら嫌だなと思う私を嫌と思わずに「こういう角度から見てみようか」という感じで魅力的に引き出していってくれるわけで、そういう人がそのように言ってくださるのであれば……まだ命に余裕があるならもう少し生きられるなと。いま、そんなふうに思いました。これは宝ですね、私の（笑）。

以前、東宝の撮影所で『歩いても 歩いても』を撮っているとき、私はいつも家でおにぎりをパパッと握って持ってくるから、食堂では味噌汁とあとひとつくらいしか取らないんだけど、それを下げにいったときに食堂のおばさんから「あんたさあ、日本の宝だよ！」と声をかけられたの。思わず周りを見回して、（え？ ちょっといまなんて言った？ 間違いなく〝日本の宝〟と言ったよね）と思って（笑）。「ああ、そう？」と応えてそのまま戻ったけれど、そのときと同じぐらい嬉しいです。

註

＊1 大竹しのぶ
女優・歌手。一九五七年、東京都生まれ。七三年、テレビドラマ『ボクは女学生』でデビュー。代表作にドラマ『男女7人夏物語』『優しい時間』『それでも、生きてゆく』、映画『青春の門 自立篇』『あゝ野麦峠』『永遠の1/2』『阿修羅のごとく』『オカンの嫁入り』『悼む人』『後妻業の女』『真田十勇士』など。是枝作品では『海街ｄｉａｒｙ』に出演。

＊2 野田秀樹
劇作家・演出家・役者。一九五五年、長崎県生まれ。七六年、東京大学演劇研究会を母体に「劇団夢の遊眠社」を結成し、「言葉遊び」と「リメイク」を特徴とした数々の名作を発表。九三年、演劇企画制作会社「野田地図」を設立。代表作に『野獣降臨《のけものきたりて》』『半神』『贋作・桜の森の満開の下』『キル』『オイル』『ＴＨＥ ＢＥＥ』『ロープ』『パイパー』『ザ・キャラクター』『南へ』『エッグ』『ＭＩＷＡ』『逆鱗』『足跡姫～時代錯誤冬幽霊～』など多数。大竹しのぶとは九四～九七年まで事実婚状態にあった。

＊3 阿木燿子
作詞家・女優・小説家。一九四五年、神奈川県生まれ。作詞の代表作に「港のヨーコ・ヨコハマ・ヨコスカ」「横須賀ストーリー」「プレイバックＰａｒｔ2」「魅せられて」「ＤＥＳＩＲＥ―情熱―」など。件の対談は、二〇一四年九月十四日号の『サンデー毎日』に掲載の「阿木燿子の艶もたけなわ」を指す。

＊4 芥川比呂志
俳優・演出家。一九二〇年、東京生まれ。作家・芥川龍之介の長男。慶應義塾大学文学部時代に、劇作家・加藤道夫たちと学生演劇を始める。四七年、加藤やその妻・加藤治子らと「麦の会」を結成。四九年、「文学座」に合流し、中心俳優として活躍。六三年より「劇団雲」でリーダーとして活動。俳優業の傍ら、演出家としての才能も発揮し、『スカパンの悪だくみ』で芸術選奨文部大臣賞、『海神別荘』で文化庁芸術祭優秀賞を受賞。その後、「演劇集団 円」を創立して代表に就任。八一年没。

＊5 山田洋次
映画監督。一九三一年、大阪府生まれ。東京大学法学部を卒業後、新聞社勤務を経て、松竹に補欠入社。六一年、『二階の他人』で監督デビュー。六八年、フジテレビの連続ドラマ『男はつらいよ』の原案・脚本を担当し、翌年に映画化。代表作に

『家族』『キネマの天地』『息子』『学校』『虹をつかむ男』『たそがれ清兵衛』『隠し剣 鬼の爪』『武士の一分』『母べえ』『おとうと』『東京家族』『小さいおうち』『母と暮せば』『家族はつらいよシリーズ』など。

＊6　向田邦子
脚本家・エッセイスト・小説家。一九二九年、東京生まれ。実践女子専門学校（現・実践女子大学）国文科を卒業後、社長秘書を経て、雄鶏社に転職。「映画ストーリー」編集部で編集者に。六〇年、フリーライターとして独立。六二年、ラジオドラマ「森繁の重役読本」の脚本執筆。六四年、テレビドラマ『七人の孫』の脚本執筆。代表作に『時間ですよ』『寺内貫太郎一家』『冬の運動会』『家族熱』『阿修羅のごとく』『あ・うん』『蛇蝎のごとく』など。八一年、取材旅行中に航空機墜落事故に遭遇し、死去。享年五十一。

＊7　『阿修羅のごとく』
NHKの「土曜ドラマ」枠で一九七九年（全三話）、八〇年（全四話）に放送。主演の四姉妹を、加藤治子、八千草薫、いしだあゆみ、風吹ジュンが演じた。

＊8　深町幸男
演出家・映画監督。一九三〇年、東京生まれ。六三年、NHKに入局し、早坂暁、向田邦子、山田太一らとのコンビで多くの作品を発表。代表作に『事件シリーズ』『あ・うん』『夢千代日記シリーズ』『冬構え』『シャツの店』『父の詫び状』『友だち』『春の砂漠』『春の一族』『踊子』『麻酔』『秋の一族』など。樹木は『夢千代日記』以来、深町の代表作の常連となり、『花へんろ・風の昭和日記』『今朝の秋』『台所の聖女』『汚れっちまった悲しみに』『あにいもうと』『大往生』『魚心あれば嫁心』など多数出演している。二〇一四年没。

＊9　加藤治子
女優。一九二二年、東京生まれ。三九年、『花つみ日記』で映画デビュー。四一年、のちの夫となる加藤道夫や芥川比呂志らが結成した「新演劇研究会」に入団。戦後に「麦の会」として再出発し、四九年に合流した「文学座」では主役級で活躍した。六四年、『七人の孫』で母親を演じ、以降、ホームドラマでの母親役を当たり役とする。代表作に向田邦子のドラマ『寺内貫太郎一家』『冬の運動会』『家族熱』『阿修羅のごとく』『だいこんの花』、映画『花いちもんめ』『マルサの女2』『わたし出すわ』『おとうと』など。スタジオジブリのアニメ『魔女の宅急

便』『ハウルの動く城』で声優としても活躍。二〇一五年没。

＊10　和田勉
演出家・映画監督。一九三〇年、三重県生まれ。五三年にNHKに入局し、テレビドラマのディレクター・プロデューサーとして活躍。代表作に『竜馬がゆく』『鹿鳴館』『金色夜叉』『天城越え』『けものみち』『ザ・商社』『女殺油地獄』『夜明け前』など。八七年に定年退職。二〇一一年没。『阿修羅のごとく』の演出は一九七九年の全三話のうち、第一話と第三話のみ担当。

＊11　『寺内貫太郎一家』
TBSの「水曜劇場」枠で一九七四年に放送（全三十九話）。向田邦子脚本、久世光彦プロデュース、小林亜星主演。昭和の東京下町、石屋を営む一家とそれを取り巻く人々の人情味あふれる日々をコメディタッチで描き、平均視聴率三十一・三パーセントを記録した。続編（全三十話）が七五年に、スペシャルドラマが九一年、九八年、二〇〇〇年に放送されている。なお、一家の老婆役を演じた樹木は当時まだ三十一歳だった。

＊12　『ムー』
TBSの「水曜劇場」枠で一九七七年に放送（全二十六話）。『時間ですよ』『寺内貫太郎一家』に続き、久世光彦が演出・プロデュースを手がける。東京・新富の足袋屋「うさぎや」を舞台にしたホームコメディで、バラエティの要素が増え、生放送の回も多く見られる。

＊13　『ムー一族』
TBSの「水曜劇場」枠で一九七八～七九年、『ムー』の続編として放送（全三十九話）。唐突に情報番組風のコーナー（ムー情報）が始まったり、郷ひろみと樹木希林による挿入歌「林檎殺人事件」を歌い出したりなど、前作以上にバラエティ色の強い作品となっている。

＊14　久世光彦
演出家・プロデューサー。一九三五年、東京生まれ。東京大学文学部卒業後、ラジオ東京に入社。六五年、向田邦子のテレビシナリオデビュー作となった『七人の孫』を演出。以降、『時間ですよ』『寺内貫太郎一家』『ムー』『ムー一族』などテレビ史に残るテレビドラマを制作。七九年に退社後、制作会社「カノックス」を設立。代表作に『眠る盃』『夜中の薔薇』『女の人差し指』『時間ですよふたたび』『キツイ奴ら』『明日はアタシの風が吹く』『小石川の家』『メロディ』『センセイの鞄』

『向田邦子の恋文』『夏目家の食卓』など。八七年からは『昭和幻燈館』を皮切りに小説・評論・エッセイなど多数の著作を遺す。二〇〇六年没。

＊15　絶縁
一九七九年一月、『ムー一族』の打ち上げパーティで樹木はスピーチの際に、プロデューサーの久世光彦と「近松屋のともこ」役を演じたのぐちともこが不倫関係にあり、すでにのぐちが妊娠八カ月であることを暴露。久世はすべてを認め、本作を最後にTBSを退社。正式に離婚して、のぐちと再婚した。樹木と久世は一九九六年放送のドラマ『坊っちゃんちゃん』まで絶縁した。

＊16　『坊っちゃんちゃん』
TBSで一九九六年に放送。夏目漱石原作『坊っちゃん』を平成版としてアレンジした人情コメディ。久世光彦演出で、坊っちゃんを郷ひろみが、清・クロの二役を樹木が演じた。

＊17　内田裕也
ミュージシャン・俳優。樹木希林の夫。一九三九年、兵庫県生まれ。五九年、日劇ウエスタンカーニバルで本格的にデビュー。以降、「内田裕也とザ・フラワーズ」のボーカリストなどを経て、七〇年代後半からは俳優としても活動。映画『コミック雑誌なんかいらない！』『魚からダイオキシン!!』では脚本・主演を兼ねた。二〇一八年没。

＊18　『東京タワー』特集号
二〇〇七年三月二十日に発売された『SWITCH』の巻頭特集「オダギリジョー『ナイン　ストーリーズフロム　東京タワー』」を指す。

＊19　銭湯で下働きをしている人
ドラマ『時間ですよ』で樹木が演じた従業員を指す。

＊20　服部晴治
ドラマディレクター。一九四〇年生まれ。TBSに入社。八〇年放送の連続ドラマ『恋人たち』で演出を担当。主演の大竹しのぶと八二年に結婚し、男児をもうけるも、八七年にがんで死去。

＊21　綾瀬はるか
女優・歌手。一九八五年、広島県生まれ。二〇〇一年、ドラマ『金田一少年の事件簿』で女優デビュー。代表作にドラマ『世界の中心で、愛をさけぶ』『ホタルノヒカリ』『JIN—仁—』『八重の桜』『精霊の守り人』『いだてん』など。主演映画に『僕の彼女はサイボーグ』『ICHI』『おっぱいバレー』『ホッタラケの島 ～遥と魔法の鏡～』『万能鑑定

士Q —モナ・リザの瞳—』『高台家の人々』『本能寺ホテル』『今夜、ロマンス劇場で』など。

＊22　せんぼんよしこ
テレビディレクター・映画監督。一九二八年、中国大連生まれ。五三年に日本テレビ入社。五九～六二年の「愛の劇場」シリーズで注目される。八八年、『明日　1945年8月8日・長崎』を最後に退社。代表作に『縁』『てんつくてん』『はいから鯉さん』『母たることは地獄のごとく』『山を走る女』など。二〇〇六年、映画『赤い鯨と白い蛇』を初監督。

＊23　鈴木清順
映画監督・俳優。一九二三年、東京生まれ。四八年、松竹大船撮影所の第一回助監督試験を受けて合格し、助監督に。五四年、日活に移籍。五六年、『勝利をわが手に』に監督デビュー。七七年、松竹に移籍。代表作に『肉体の門』『殺しの烙印』『ツィゴイネルワイゼン』『陽炎座』『夢二』『ピストルオペラ』『オペレッタ狸御殿』など。二〇一七年没。

＊24　『明日　1945年8月8日・長崎』
一九八八年八月九日、日本テレビで放送されたテレビドラマ。原作は井上光晴の同名小説。大竹しのぶは出産寸前の長女と、娼婦の二役を演じた。芸術祭テレビドラマ部門作品賞を受賞。

＊25　市川森一
脚本家・劇作家・小説家。一九四一年、長崎県生まれ。六六年、子ども向け特撮番組『怪獣ブースカ』第四話で脚本家デビュー。『ウルトラセブン』『帰ってきたウルトラマン』『コメットさん』など子ども番組を経て、ドラマに軸足を移し、七四年、萩原健一と水谷豊主演による『傷だらけの天使』で脚光を浴びる。代表作にドラマ『露玉の首飾り』『親戚たち』『幽婚』など、映画『異人たちとの夏』『長崎ぶらぶら節』『TAJOMARU』など。二〇一一年没。

＊26　田中裕子
女優。一九五五年、大阪府生まれ。大学在学中より「文学座」に入団。七九年のNHKテレビ小説『マー姉ちゃん』でデビュー。代表作にドラマ『向田邦子新春シリーズ』『Mother』『Woman』、映画『二十四の瞳』『大阪物語』『火火《ひび》』『はじまりのみち』など。

＊27　山田太一
脚本家・小説家。一九三四年、東京

生まれ。早稲田大学教育学部を卒業後、松竹に入社し、木下惠介監督に師事。六五年に退社してフリーの脚本家に。六八年、「木下恵介アワー」枠の『3人家族』を執筆し、高視聴率を上げた。代表作に『男たちの旅路』『岸辺のアルバム』『想い出づくり。』『早春スケッチブック』『ふぞろいの林檎たち』『チロルの挽歌』『丘の上の向日葵』『キルトの家』など。

＊28　笠智衆三部作
山田太一脚本、笠智衆主演による秀作『ながらえば』『冬構え』『今朝の秋』を指す。

＊29　『今朝の秋』
一九八七年にNHKで放送されたテレビドラマ（全六回）。余命僅かな息子の看病をする老人の姿を通じて、生と死、人間の業を鋭くえぐる。

＊30　杉浦直樹
俳優。一九三一年、愛知県生まれ。五八年公開の映画『錆びたナイフ』で注目を集める。松竹を退社したあとはフリーとなり、向田邦子作『父の詫び状』『あ・うん』、山田太一作『岸辺のアルバム』などの名作に数多く出演。二〇一一年没。

＊31　笠智衆
俳優。一九〇四年、熊本県生まれ。二五年、松竹に入社。十年ほど大部屋俳優として過ごしたのち、小津監督に見出され、『大学よいとこ』で助演。以降、『父ありき』『晩秋』『東京物語』『秋刀魚の味』などに出演し、小津作品には欠かせない俳優となった。九三年没。

＊32　杉村春子
女優。一九〇六年、広島県生まれ。三七年、劇団「文学座」の結成に参加。四〇年の『ファニー』で主役を演じ、文学座を代表する看板女優に。同年公開の映画『奥村五百子』で初主演。以降、黒澤明、木下惠介、小津安二郎、成瀬巳喜男、溝口健二などの巨匠からも評価され、百四十本以上の作品に出演。代表作に舞台『女の一生』『欲望という名の電車』『華岡青洲の妻』『ふるあめりかに袖はぬらさじ』『華々しき一族』など、映画『わが青春に悔なし』『晩春』『麦秋』『めし』『東京物語』『流れる』『浮草』『秋刀魚の味』『赤ひげ』『濹東綺譚』『午後の遺言状』など。九七年没。

＊33　倍賞美津子
女優。一九四六年、茨城県生まれ。六七年、実姉の倍賞千恵子と異母姉妹を演じた映画『純情二重奏』でデビュー。代表作に『人斬り』『復讐するは我にあり』『生きてるうちが

花なのよ死んだらそれまでよ党宣言』『恋文』『ＯＵＴ』など。テレビでも活躍、二〇〇七年放送の『東京タワー～オカンとボクと、時々、オトン～』でのオカン役が好評で、以降、主人公の母親役・祖母役を演じる機会が増えている。

＊34　山茶花究
俳優・芸人。一九一四年、大阪府生まれ。小劇団「カジノ・フォーリー」の歌手、浅草オペラ座の俳優を経て、三七年、東宝のロッパ一座に入団し、森繁久彌と出会う。喜劇役者として舞台や映画で活躍する中、森繁に誘われ、五五年公開の映画『夫婦善哉』に出演。以降、森繁主演の『社長シリーズ』『駅前シリーズ』に出演する一方、黒澤明や川島雄三などに重宝される。七一年没。

＊35　『私は貝になりたい』
ラジオ東京（現ＴＢＳ）の「サンヨーテレビ劇場」枠で一九五八年に放送。主演はフランキー堺。元陸軍中尉・加藤哲太郎の獄中手記「狂える戦犯死刑囚」の遺書部分をもとに創作されたフィクションで、第二次世界大戦中に捕虜を刺殺した理髪店主が逮捕・処刑されるまでを描く。五九年と二〇〇八年に映画として、九四年にテレビドラマとしてリメイクされた。

＊36　石川甫
演出家。ラジオ東京（現ＴＢＳ）に入社。一九六一～六七年まで放送された「近鉄金曜劇場」のプロデューサーを務める。演出の代表作に『鹿鳴館』『てんてん娘』『マンモスタワー』など。長編記録映画『日本残酷物語』の構成も担当した。

＊37　文学座
一九三七年、岸田國士、久保田万太郎、岩田豊雄の発起にて結成。四九年、芥川比呂志、加藤道夫、加藤治子らの「麦の会」が合流。創立者三人に始まり、森本薫、加藤道夫、三島由紀夫、有吉佐和子などの作品を同時代の書き下ろしとして上演。シェイクスピア、チェーホフ、テネシー・ウィリアムズ、ソーントン・ワイルダーの翻訳劇も積極的に公演する。六三年、芥川比呂志、高橋昌也、加藤和夫、小池朝雄、岸田今日子、加藤治子ら座員二十九名が脱退し、福田恆存《つねあり》と現代演劇協会・「劇団雲」を創立。六六年には岸田森、悠木千帆（のちの樹木希林）、草野大悟らも退団して劇団「六月劇場」を結成した。

＊38　新劇
旧劇（歌舞伎を指す。旧派とも言う）、新派（明治時代に始まった

「壮士芝居」「書生芝居」などをもとにした現代劇）に対する言葉で、ヨーロッパ流の近代的・芸術志向的な演劇を目指した。新劇運動の確立は、関東大震災後につくられた劇団「築地小劇場」で、これに続く劇団として文学座（一九三七年結成）、俳優座（一九四四年結成）がある。

＊39　小津安二郎
映画監督・脚本家。一九〇三年、東京生まれ。二七年、時代劇『懺悔の刃』で監督デビュー。「小津調」と称される独特の映像世界で数々の名作を残す。代表作に『晩春』『麦秋』『東京物語』『お早よう』『秋刀魚の味』など。六三年没。

＊40　黒澤明
映画監督。一九一〇年、東京生まれ。三六年、P.C.L.映画製作所（のちに東宝と合併）に助監督として入社。四三年、『姿三四郎』で監督デビュー。ダイナミックな映像表現とヒューマニズムに徹した作風で「世界のクロサワ」と評された。代表作に『羅生門』『生きる』『七人の侍』『用心棒』『天国と地獄』『赤ひげ』『乱』など。九八年没。

＊41　『秋刀魚の味』
小津安二郎監督による一九六二年公開の映画で遺作。娘を嫁がせた父親の老いと孤独がテーマだが、笠智衆演じる父親と友人たちとの応酬が喜劇味を加えている。出演は岩下志麻、佐田啓二、岡田茉莉子など。

＊42　『さくらの唄』
TBSの「水曜劇場」枠で一九七六に放送。東京・蔵前で小さな整骨院を営む主人（若山富三郎）とその妻（加藤治子）は、恋人の子を妊娠するも入籍しない長女（悠木千帆）と、既婚者に恋する次女（桃井かおり）に頭を悩ませていた……。プロデューサーの久世光彦は、全二十六回のうち初回と最終回を含む全九回を演出。

＊43　『晩春』
小津安二郎監督が初めて「娘の結婚をめぐるホームドラマ」を描いた一九四九年公開の映画。本作、『麦秋』（五一年）『東京物語』（五三年）で原節子が演じたヒロインはすべて「紀子」という名で、「紀子三部作」とも呼ばれる。出演は笠智衆、原節子、月丘夢路、杉村春子など。

＊44　ピンキーとキラーズの「恋の季節」
一九六八年に発売された、ピンキーとキラーズのデビューシングル。第十回レコード大賞新人賞を受賞、二百七十万枚を売り上げた。ピンキー

は歌手の今陽子を、キラーズは男性四人のバックバンドを指す。

＊45　『今さらながら 大遺言書』
二〇〇四年、新潮社より刊行。『週刊新潮』の連載記事を単行本化したもので、『大遺言書』（〇三年）『生きていりゃこそ』（〇五年）『さらば大遺言書』（〇六年）の四部作となっている。

＊46　山藤章二
風刺漫画家・イラストレーター。一九三七年、東京生まれ。武蔵野美術大学デザイン科卒業後、六〇年、ナショナル宣伝研究所に入社。数々のデザイン賞を受賞し、六四年よりフリーに。七六年から『週刊朝日』誌上で「山藤章二のブラック＝アングル」の連載開始。タレントや話題の人物を現代の世相に合致させた作風が特徴。

＊47　堺正章
コメディアン・歌手・俳優・司会。一九四六年、東京都生まれ。六二年、十六歳で音楽バンド「ザ・スパイダース」にボーカルとして加入。七〇年開始のドラマ『時間ですよ』に出演し、樹木とともに人気者に。

＊48　『向田邦子新春シリーズ』
久世光彦が向田邦子の死後、一九八五年〜二〇〇一年に演出したドラマシリーズ。

＊49　テレビマンユニオン
一九七〇年、TBSを退職した萩元晴彦、村木良彦、今野勉らディレクターが中心となって設立した、日本で最初の独立系テレビ番組制作会社。是枝は八七年に参加、二〇一四年に独立し、映画監督の西川美和や砂田麻美らとともに制作者集団「分福（ぶんぶく）」を設立した。

＊50　「NONFIX」
フジテレビで一九八九年に放送が開始されたドキュメンタリー番組で、現在は関東ローカルで不定期放送。森達也、瀬々《ぜぜ》敬久《たかひさ》など多くのテレビディレクター・映画監督を輩出した。是枝も「NONFIX」枠で『しかし…福祉切り捨ての時代に』『もう一つの教育〜伊那小学校春組の記録〜』『公害はどこへ行った…』『彼のいない八月が』『シリーズ憲法 〜第9条・戦争放棄「忘却」』などを制作している。

＊51　小池光
歌人。一九四七年、宮城県生まれ。東北大学大学院理学研究科修士課程を修了。七二年、短歌結社「短歌人」に入会。七五〜二〇〇六年まで理科教師を務める。七八年、第一歌集『バルサの翼』を刊行し、現代歌人協会賞を受賞。〇一年の第五歌集

『静物』で芸術選奨新人賞（文学部門）受賞。一六年、第九歌集『思川の岸辺』で読売文学賞を受賞。

＊52 『昭和幻燈館』
一九八七年、晶文社より刊行。九二年に同タイトルで中公文庫より刊行。

＊53 日本のテレビバラエティ史を振り返るような番組
フジテレビの「チャンネルΣ」枠で二〇一〇年三月二十七日に放送された『悪いのはみんな萩本欽一である』を指す。

＊54 『時間ですよ』
TBSで一九七〇〜七三年まで三シリーズにわたって放送（全九十五回）。東京・五反田で銭湯「松の湯」を経営する松野家を中心としたホームドラマで、主演は森光子。松野家の後継問題を描く一方で、各シリーズのオーディションで選ばれた新人（順番に川口晶、西真澄、浅田美代子）と堺正章、悠木千帆が演じる従業員の「トリオ・ザ・銭湯」がギャグを連発、茶の間の人気者に。

＊55 『とし子さん』
TBSで一九六六年に放送。『七人の孫』で樹木が演じたお手伝いさん（おとしさん）が好評で、そのキャラクターそのままに制作された。

＊56 橋田壽賀子
脚本家・劇作家。一九二五年、京城府生まれ。四九年、松竹最初の女性社員として入社し、脚本部に配属される。五九年に独立。六四年、『袋を渡せば』で脚本家デビュー。同年の『愛と死をみつめて』が話題に。代表作に『たんぽぽ』『心』『おしん』『春日局』『渡る世間は鬼ばかり』など。脚本の台詞が長く、演出家や俳優による台詞の変更を許さないことで有名。

＊57 『「時間ですよ」を作った男――久世光彦のドラマ世界』
二〇〇七年、双葉社より刊行。六年の歳月をかけたインタビューで明かされた、伝説のドラマの制作秘話。

＊58 岡本信人
俳優。一九四八年、山口県生まれ。六二年、NHKドラマ『福沢諭吉』で子役デビュー。『肝っ玉かあさん』出演を機に、TBSホームドラマの名脇役として石井ふく子プロデュース作品の常連に。石井とコンビを組むことの多い橋田壽賀子脚本にも多数出演。代表作にドラマ『ありがとうシリーズ』『渡る世間は鬼ばかり』、映画『悪魔の手毬唄』『坊っちゃん』など。

＊59　沢田雅美
女優。一九四九年、神奈川県生まれ。六四年、テレビドラマ『ただいま11人』でデビュー。代表作にドラマ『渥美清の泣いてたまるか』『肝っ玉かあさん』『ありがとう』『渡る世間は鬼ばかり』『岸辺のアルバム』など、舞台『おんなの家』など。

＊60　『肝っ玉かあさん』
TBSで一九六八〜七二年まで三シリーズにわたって放送（全百十七回）。演出は石井ふく子、脚本は平岩弓枝。三十パーセント前後の視聴率を誇り、のちの『ありがとう』『渡る世間は鬼ばかり』に通じる人気路線の先駆けに。出演は京塚昌子、山口崇、長山藍子、沢田雅美など。

＊61　『渡る世間は鬼ばかり』
TBSの「木曜21時」枠で一九九〇〜二〇一一年までシリーズとして断続的に放送（全五百十回）。出演は泉ピン子、長山藍子、中田喜子、藤岡琢也、山岡久乃など。

＊62　『家の匂い 町の音―むかし卓袱台があったころ』
二〇〇一年、主婦の友社より刊行。敬愛する山本夏彦の依頼で雑誌『室内』で連載したものを単行本化したもの。〇六年、『むかし卓袱台があったころ』と改題され、ちくま文庫より刊行。

＊63　森光子
女優。一九二〇年、京都府生まれ。三五年、映画『なりひら小僧 春霞八百八町』でデビュー。六一年、舞台『放浪記』の主演に抜擢。六六年から『天国の父ちゃんこんにちは』『時間ですよ』など数多くのテレビドラマに出演し、人気を不動のものに。二〇一二年没。

＊64　インタビュー欄
二〇一四年二月十五日付朝日新聞に掲載された「今こそ政治を話そう「二分法の世界観」」のこと。件の貴乃花と武蔵丸との一戦は、二〇〇一年五月場所、千秋楽の優勝決定戦を指す。

＊65　貴乃花
元大相撲力士（第六十五代横綱）・タレント。一九七二年、東京都生まれ。本名は花田光司。父は貴ノ花利彰、伯父は初代若乃花という名門に育つ。九〇年、新入幕。兄若花田とともに「若貴フィーバー」を起こす。九四年に横綱昇進。〇三年一月場所の九日目で現役引退を表明（当時三十歳）。引退後は貴乃花部屋の師匠を務め、一〇年には日本相撲協会の理事に就任。一八年に相撲協会

を退職。

＊66　武蔵丸
元大相撲力士（第六十七代横綱）・タレント。一九七一年、ハワイ州オアフ島出身。旧名はフィアマル・ペニタニ。経済的理由で大学への進学を断念、大相撲入りの勧誘を受けて武蔵川部屋に入門。四股名の「武蔵丸」は所属する武蔵川部屋と本名のフィアマルからつけられた。九一年、新入幕。九九年に横綱昇進。二〇〇三年十一月場所八日目で現役引退を表明。引退後は武蔵川部屋の部屋付き親方として後進を指導。現在はタレント活動の他、相撲協会の監察委員を務める。

＊67　小泉純一郎
政治家。一九四二年、神奈川県生まれ。二〇〇一～〇六年、第八十七～八十九代内閣総理大臣を務める。

＊68　『美空ひばり物語』
TBSで一九八九年に放送。本人のドキュメンタリー映像も挿入されるなど、実像に迫る出来となっている。美空ひばりは岸本加世子が演じた。

＊69　美空ひばり
歌手・女優。一九三七年、神奈川県生まれ。十二歳で映画主演を果たした「悲しき口笛」が大ヒット、同主題歌も四十五万枚（当時の史上最高記録）売れ、国民的歌手に。六〇年、「哀愁波止場」で日本レコード大賞歌唱賞を受賞し、「歌謡界の女王」の異名をとる。代表作に「東京キッド」「リンゴ追分」「波止場だよ、お父つぁん」「港町十三番地」「柔」「悲しい酒」「真赤な太陽」「裏町酒場」「みだれ髪」「川の流れのように」など。八九年没。

＊70　『はね駒』
一九八六年に放送されたNHK連続テレビ小説（第三十六作）。当時アイドルとして人気絶頂だった斉藤由貴が主演し、明治～大正に活躍した女性新聞記者の半生を描いた。樹木は四十三歳で母親役を好演し、翌年の第三十七回芸術選奨文部大臣賞を受賞。文部大臣新人賞を受賞した斉藤と〝母娘受賞〟となった。

＊71　芸術選奨
文化庁主催の芸術家の顕彰制度。一九五〇年度発足。各年度ごとに芸術各分野において優れた業績をあげた人物に対し「文部科学大臣賞」が、その業績により新生面を開いた人物に対し「文部科学大臣新人賞」が贈られる。是枝も第六十四回で前者を受賞した。

＊72　橋爪功
俳優。一九四一年、大阪府生まれ。

六一年、文学座附属演劇研究所一期生に合格。七五年、演劇集団「円」創立に参加し、現在は代表を務める。舞台、映画、ドラマにおいてコミカルな役からシリアスな役まで幅広く活躍。代表作に映画『お日柄もよくご愁傷さま』『東京家族』『家族はつらいよ』など多数。是枝作品では『奇跡』『海よりもまだ深く』『三度目の殺人』に出演。

第3章

食べること。老いること。

2016年4月11日

於・六本木スタジオ

希林さんに誘っていただいて、納豆のコマーシャルをつくったことがある。『歩いても 歩いても』の撮影が終わった二〇〇七年の秋、十月のことだ。

「金のつぶ食べよ〜」という、あれである。セットの台所のテーブルに座って希林さんがひたすら美味しそうに納豆を食べるという、ただそれだけのコマーシャル。この食べっぷりが見事だった。というか、すさまじかった。頬いっぱいに白米と糸を引く大粒の納豆を箸でかきこみ、口の周りに残った粒を白米もろとも豪快に音を立てて吸い込んで、美味そうに「んーー」と感嘆の声をもらす。素晴らしかった。転ぶのが上手なのがよい役者の条件だと森繁さんはいろんなところに書いているけれど、食べながら台詞を言えるのもやはり上手い役者の条件のひとつだと僕は思う。

しかし、クライアントの試写は不評だった。又聞きではあるが、食べ方が「汚ない」ということだったらしい。コマーシャルの場合、こういうズレはよくあって、「ドキュメンタリータッチでお願いします」と依頼しておいて「もう少しわかりやすいコメントが欲しい」とクライアントなのか代理店なのか誰の言葉なのかわからない感想が返ってきたり、最終決定権が誰にあるのかもわからないまま現場が右往左往し、結果的に何パターンも撮影したり、あとになってCGで足したり消したりすることばかりだ。

このときも仕方なく希林さんの口の周りについた納豆の粒をいくつかＣＧで消すという、何とももったいない経験をした。

後日、希林さんにその話をしたら、

「(吉永) 小百合さんじゃないんだからさぁ……」

と笑っていたけれど。


このように希林さんとは映画以外にもＣＭや僕自身が出演したＮＨＫの番組『課[*1]外授業 ようこそ先輩』のナレーションなど、いくつかお仕事をご一緒させていただいた。映像を見ながらその場で加えるナレーションは、あらかじめ用意されたものを読むのではなく、サッと思いついた感想を投げ込むように映像と掛け合わせる。その動体視力とか反射神経のよさやベタつかない言葉を選ぶセンスは、恐らくドラマや映画の現場に立ったときのそれに通じるものがあって、本当に勉強になる。

インタビューで、

「私のどのへんにこだわりになられるんですか」とストレートに訊かれたとき、僕は答えに窮したのだが、ひと言で言うならやはり「面白い」ということなのだと思う。樹木希林は面白い。上手いでも楽しいでも、ためになるでもなく、やはり面白いのだと思う。

「チョイ演」から主演へ

是枝　今回は具体的な作品の映像を観ながらお話を伺っていきたいんですが、まずはどうしても『東京タワー ～オカンとボクと、時々、オトン～』についてお聞きしたいんです。なぜかと言うと、僕はこれを観ていなかったら希林さんに『歩いても 歩いても』のオファーをしていなかったと思うから。

樹木　ああ、そう。

是枝　それまでの希林さんは脇役でちょっと出てということが多かったですね。

樹木　そうそう、ちょっとしか出ない。

是枝　ちょっとしか出ないけれど、ぜんぶもっていく。

樹木　そんなことはないけど、「チョイ演」ね(笑)。

是枝　それが、この作品から作品と向き合う態度というか姿勢が、明らかに変わったと思うんです。

樹木　たくさん出演シーンがあれば、「チョイ演」のときみたいに悪どい芝居はしないのよ(笑)。

是枝　そういうことか。ちょっとだけ出演するときは、そのちょっとの時間で印象を残そうとすると。

樹木　そうそう。瞬間でわかりやすくしておこうって。

是枝　希林さんは二〇〇五年に乳がんの手術をされて、この作品の公開は二〇〇七年です。ご病気をされたことと、この役を引き受けたことは密接に結びついていますか？

樹木　何にも密接に結びついてない。吉永小百合さん[*2]が、がんを患っている私がこの役をやるというのが見ていられなかったと言っていましたけどね。私の病気はそれほど大変じゃなかったから。ただ演じただけ、という感じ。素気ないのよ。

是枝　だとすると、この作品をやってみようと思ったきっかけは？

樹木　久世光彦さんがこれをテレビでやるから出てくれないかと言ってきたの。リリー[*3]（・フランキー）さんが久世さんのドラマが好きで、いつか久世さんと樹木希林と仕事がしたいと思っていたらしく、映像化の引き合いはたくさんあったんだけど、リリーさん自身が久世さんに本を託した。それで久世さんが私に本を送ってきて、読んだら面白かった。面白いというと語弊があるけど、ああ、人生ってこういうもんだなあって……。

　そうしたら久世さんが「フジテレビがOKしたからテレビでやる」と言うのね。私は「もうテレビはやらないから」と言った。本当はやらないつもりはなかったんだけど、久世さんと切るためにそう言って、「映画ならやるけどね」と。久世さんは以前ドジを踏んで、映画はやらないから。それで「テレビで」「映画で」というやりとりの末、とうとう「ワンシーンなら出ようか」と言って、（初の映像化となった単発ドラマに）[*4]大家かなんかの役で出たんです。まあ……、クランクイン前に久世さんが亡くなって、演出家は別になっちゃったんだけど。その後、「映画なら」と言っちゃってたもんだから、映画版でオカンをやることになったというわけ。

是枝　映画の中で一カ所、大したところではないんですが、すごく印象に残っているカットがあるんです。オカンが新幹線に乗って上京してくるところ。

> **『東京タワー ～オカンとボクと、時々、オトン～』01:17:20～**
> 新幹線の車内。ひとり、座席に座って車窓を眺めているオカン（樹木）。思いつめたような真剣な表情をしている。

是枝　ここで希林さんは椅子の背もたれをちょっとだけ戻す、という芝居をされていますよね？

樹木　決心だよね、私の。

是枝　あの芝居は希林さんが自分でやったの？

樹木　監督は何にも言わなかったと思うけど……。

是枝　あれがすごくいいんですよね。新幹線の中で前を見てスッと椅子を戻す感じが、もう故郷には戻らないで東京で暮らしていくというオカンの覚悟をすごく明快に表しているんです。

樹木　なるほど。私自身はそんなことは何も考えないでいたんだけど。

是枝　前の座席越しに希林さんの表情を捉えている、笠松則通《のりみち》[*5]さんのカメラポジションも素晴らしいです。次は希林さんがそうめんを食べるところ。

『東京タワー ～オカンとボクと、時々、オトン～』01:23:49 ～

ボク（オダギリジョー）の家。台所のダイニングテーブルで、ボクとオカンが昼食をとっている。テーブルの上にはそうめんといくつかのおかずが並んでいる。貯金や年金の話をするボク。オカンはそれを聞きながら、一口二口とそうめんを食べる。

樹木　これの何がいいんですか？

是枝　希林さんのそうめんの食べ方。

樹木　普通あんなふうに食べない？

是枝　普通の女優さんはあんな量は食べないです。希林さんは食べる量がすごく多い。二口食べるんだけど、その一口一口で口に入れるそうめんの量がとても多い。

樹木 確かにそうね。食べながらあれだけ喋るんだからね。

是枝 そう。台詞もあるんだから、なかなかあの量は食べられない。

樹木 なるほど。是枝さんはそんなところを見ているのか。私としては当たり前のことなんだけど。

是枝 いまの女優さんはやれないと思います。希林さんは食べながら喋る芝居がすごく得意でしょう?

樹木 得意というか、そうしないと嘘になるのよね。

是枝 それは誰から学んでいるんですか。

樹木 森繁さん、久世さんだね……。あと、向田さんがやたらと食べるシーンを脚本で書くから。ちまきの巻き方なんていうのも本当に教わって。クルッと巻いて最後はピュッと挟んでとか、そういうこともぜんぶやりましたから。食べ物を実際につくるということ、あるいは実際に食べるということ。芝居ができていくのと同時に実際に食べていく。それは当たり前のことだと思います。

是枝 いまはそれが当たり前ではなくなってきちゃった。

樹木　お姫様の役だったら、ああいうそうめんの食べ方はしないと思うけど（笑）。でも、来ないからね、お姫様の役は。

是枝　キャストについても少し聞かせてください。娘である内田也哉子さんが若いころのオカン役で出ていますが、オファーは監督の松岡錠司[*6]さんから直接ですか。それとも、希林さんからの提案？

樹木　それは也哉子のエッセイ集を編集したり、『東京タワー』の映画版の企画・プロデュースを担当していた秋山道男[*7]さんと喋っていて、「也哉子でいいんじゃないの？」という感じで。あとで「お母さん、抱き合わせで売り込まないでくれる？」って叱られたけど（笑）。そうそう、秋山さん、オトンをソン・ガンホ[*8]にやらせたかったのよ。でも、「日本語ができないし、そこまで覚えられない」と断られたみたい。

是枝　そうなんだ。ソン・ガンホは僕もいま一番撮りたい役者なんですよね。オダギリジョー[*9]さんはどうでした？

樹木　私は嫌いじゃないのよ。だけど、ポスター撮影のときに、秋山さんが「あいつは嫌なヤツだなあ」と言って。「え、どこが？」と訊いたら、「なんか……」と。嫉妬かな？（笑）

是枝　格好いいからかな？　格好つけて見えたのかな。

樹木　ああ、格好つけて見えたのかなあ。でも、優しいというか、こう……なんか演じたいっていう感じがいっぱいある人だと思った。そこが素敵でした。

パンチパーマに、庖丁と栗

是枝　次は『悪人』[*10]についてお聞きします。監督の李相日《リ・サンイル》[*11]さんは一シーン一シーンすごくこだわるタイプの監督だったでしょう。リハーサルを何度もやって、本番も何度も撮る。
樹木　そう。
是枝　それはいかがでしたか。
樹木　まあ……出番が少なかったから辛抱できた（笑）。
是枝　パーマをあてた髪型や服装はどのようにでき上がっていったんですか。
樹木　いい加減よ。パンチパーマのカツラを処分したかったの（笑）。いっつも使っていたから。衣装合わせのときに持っていって、監督に「すいませんが、パンチパーマのこのカツラを付けたいんですけど」と言ったら、「(舞台の長崎に) ロケハンに行ったら、漁師のおばさんはみんなパンチパーマだった」と言うのよ。「同じ美容院でやっているんじゃないかと思うぐらい、みんな同じ髪型だった。だから使っていただいて結構ですよ」って(笑)。

是枝 じゃあ、これは自分で持っていったカツラなんですね？

樹木 そう。でも、さすがに也哉子が「お母さん、またあれ使ってるの⁉ もうやめなよ！」って怒った(笑)。

是枝 どの作品で使っていたんですか。

樹木 ちょい役とかで何度も使ってた。

是枝 服装ですが、いつも紫色のものを何か身に着《つ》けている。これは希林さんが自分で選んだのですか。

樹木 いや、選んでない。着られる大きさのものを着ているだけ。

是枝 そうですか。あと、背中の丸みがすごいですね。これは服の中に何か入れている？

樹木 うん、入れないとああいうふうにはならない。

是枝 映画の設定では長崎ですが、現場に方言指導は入っているんですか。

樹木 入ってる。

是枝　方言以外に、その土地の特色を出すために、いつも希林さんはどういうことをするんですか。

樹木　何にも考えないねえ……。記憶にない。なんか特色がありました?

是枝　あります。希林さんご自身は東京の人じゃないですか。話していてもわかるけど〝東京人〟ですよね。

樹木　そうね。

是枝　でも、この作品もそうだし、『大誘拐 RAINBOW KIDS』[*12] なんかもそうだけど、すごく見事に地方の人を演じる。

樹木　そんなこと言われたことないね。

是枝　何かコツはあるんですか?

樹木　コツはないなあ……。耳がいいと言われたことはあるけどね。文学座に入ったときに。だから、関西弁の役をやるのが嫌なの。違いがすぐに自分でわかるから。台詞を言っていて「あ、違った」って。

是枝　なるほど。

樹木　イントネーションが違うのよ。それに関西弁は他の方言と違って知っている人がいっぱいいるでしょう。

是枝　関西弁の役が来たら断る？

樹木　うん。いままでも「無理です」とずいぶん断ってきた。何気ないアドリブが効かないから。

是枝　それが自分でわかっちゃうってことですね。

樹木　そう、先にわかっちゃうから嫌なの。

是枝　『悪人』に話を戻すと、この作品ではアドリブはないんですか。

樹木　なかったような気がする。「ふん」とか「はあ」とかはあるけど、その程度。

是枝　具体的に観てみましょうか。息子役の[*13]妻夫木聡君と希林さんが喋りながら食事をする大好きなシーンです。

『悪人』00:28:33～

祐一（妻夫木聡）と房枝（樹木）の家。こたつで祐一が夕食を食べている。台所から味噌汁を運んできた房枝が座る。房枝はその日家に警察が来たという話をしながら、空の器にストーブで温めていた汁を注ぐ。房枝はその汁を一口、二口と飲みながら、警察から聞いた殺人事件の話を続ける。祐一は夕食を食べながらそれを聞いている。

是枝　ここで希林さんがストーブにかけていた鍋を手にとって、中の汁を器に注いで、またストーブに戻すでしょう。

樹木　あれ、何を入れてると思いました？

是枝　それがわからなかった。テーブルの上にもうひとつお椀がありますが、それはかき回しているから味噌汁だと思うんです。

樹木　そう。

是枝　だとすると希林さんが注いだほうは何なのか。

樹木　薬にしたの。自分で梅肉エキスかなんかを持っていて、それを煎じて飲むということにした。苦くて嫌だなーという感じで。

是枝　鍋から直接器に入れてまたもとに戻す、あの感じがすごくよかった。

樹木　この人の日常という感じでね。

是枝　うん、日常がすごく見えてくるんですよね。

樹木　そうやって持っているものを何でも使っちゃうの。『東京タワー』でも、明日手術だというときにアイロンをかけているシーンを撮るっていうから、アイロンがけより面白いことできないかなと思って。どこかで見たような芝居をさせないでと思っているけど、「アイロンがけなんて誰でもやるじゃない」と現場で言うと大人げないでしょ？（笑）それで新聞紙に自分んちの黒くなっている庖丁をくるんで、栗を鍋ごと持っていって、栗を剝いて食べた。胃がんで手術しなきゃなんないのに、栗を残しておけなくて食べちゃうという……。なんかそういうのをついやっちゃう。だから失敗したこともあるんですよ。芝居の中でペットボトルを使ったら、「あの時代にありましたか」って言われちゃって。

是枝　（笑）『サイドカーに犬』[*14]ですね。

樹木　台本もらっても自分の台詞のところしか読まないもんだから、時代がわかってなかったのよね。誰か注意してくれればよかったのに（笑）。

是枝　妻夫木君の話も聞きたいんですが、いかがでしたか？　一緒に演技されてみて。

樹木　素直な役者さんという感じです。好青年ね。

是枝　だから『悪人』の主演として見るとどこかいい子の部分というのが残っていて……。

樹木　彼のもつ資質ね。あれはやっぱり彼のもっているものだから、しょうがない。でも頑張っていましたよ。日本アカデミー賞で最優秀主演男優賞に選ばれた瞬間、はあーって泣いたのね、あの子が。だから本当に頑張ったんだなあと……。

是枝　本当にそう思います。すでに評価の定まった映画であって、僕が何かを言う立場でもないんですが。妻夫木君は、『ジョゼと虎と魚たち』[*15]みたいな優しい弱さのある役だとすごく上手い。

樹木　性格がいいというか、嫌味のない、真っ直ぐな人なの。だから例えば『家族はつらいよ』[*16]の周りのみんながバタバタしている中で、すっと素直にそこにいるというのは、なかなかいいんじゃないかなと。トヨタ自動車のCMでも大人になったのび太くんをやっているけど、ああいうのはすごくピッタリだよね。

是枝　そう思うんです。でも彼はたぶん、役者としてもっと先へ行きたいと思っている。その欲はすごくあるから、そこは頑張ってほしいなと思っています。心から。

樹木　そうなんだ。うん、頑張ってほしいわね。

骨を抜き、身体を小さく

是枝　次は『わが母の記』[*17]について。原田眞人監督[*18]の作品には『わが母の記』『駆込み女と駆出し男』[*19]と続けてご出演されていますが、それは一緒にやってみて面白かったからですか。

樹木　原田さんはすごく気持ちがいいのよ。グチャグチャ悩まないの。状況がどう変わっても、対応がいい。

是枝　対応がいいというのは具体的にどういうこと？

樹木　例えば、真夏のシーンなのに大雪になっちゃったことがあって。軽井沢での撮影で。スタッフは大変だったけど、「撮るぞ〜」と言って、結局台本を書き換えて雪のシーンにしちゃったの。すべてがそういう感じ。船が出るシーンでも、撮影当日に急に雨が降ってきたんだけど、すぐに傘をたくさん調達してね。傘のおかげで、かえって画面がスカスカしないで済んだとか。

是枝　状況判断が早いということですか。

樹木　早いだけでなく、結果もいいんだよね。

是枝　この作品で、希林さんは映画の進行とともに〝老い〟を演じていく。その上手さが冴え渡っています。希林さんはだんだん小さくなっていくんですよね。

樹木　うん。それは意識してやったの。

是枝　どうやって？

樹木　身体を小さくしたの。自分で。例えば座っているときに、若いころは背筋をシャンとして座っているんだけど、だんだん小さくなってきて、終いには顔のすぐ下に胸がくるというように。首がなくなっちゃうの。

是枝　確かにそうなっています。背中を丸めるぐらいならわかるんですが、明らかに首の位置が違う。でも歳をとるってそういうことですよね。

樹木　そうそう。

是枝　下手な人ほど背中を丸める。わかりやすい「歳をとりました」という感じを出そうとする。

樹木　顔に皺を描いたりね。

是枝　希林さんの演技設計はそういうものとは違う気がするんです。

樹木　骨を抜いてるの。

是枝　骨ですか。その骨を抜く感じというのはどこから来ているんですか。

樹木　『寺内貫太郎一家』で寺内きんという婆さんをやったでしょう。そうしたら実際のじいさんが出てきちゃったわけ。岩《いわ》さん役の伴淳三郎[20]さん。（主人公の貫太郎を演じた）小林亜星[21]さんは当時四十ちょっとだし、（貫太郎の妻を演じた）加藤治子さんはシャンとしてる。でも、伴淳さんは実際のおじいさん。その人と一緒にやらなきゃならないわけ。

是枝　大変ですよね。

樹木　「きんちゃんよう～」「なによ、岩ちゃん」ってふたりでやるんだけど、声色だけでやってもね。だから重心をずっと下にして、股上を長くして、脚を短く見せる。膝を曲げているとわからないように、ちょっとタプッとしたものを着て。そのあたりは衣装のおかげもあるんだけど、それで全体的に縮まっていく。これしかないなと思って。

是枝　伴淳さんを見て、その体型を取り入れたということですか？

樹木　いろんな年寄りを見て、かな。

是枝　『わが母の記』の後半、娘役のキムラ緑子[*22]さんとふたりで縁側に座っているカットがあるんですが、その座り姿が見事なんです。

『わが母の記』01:45:43〜
湯ケ島の八重（樹木）の家。縁側。秋の陽射しの中、八重が座布団に正座している。隣には娘・志賀子（キムラ緑子）が付き添うように座っている。八重は何かを頬張りながら、穏やかな表情で庭を眺めている。

是枝　ここ、希林さんがちっちゃいでしょう？

樹木　確かにこれはちっちゃかった。これはね、腰を落として、厚みをぜんぶ横へ流すのよ。

是枝　そう簡単に言うけど、普通はそうはいかないじゃない。

樹木　身体のどこかが柔らかいんだね。そんなに難しい体操はできないのよ。だけど柔らかいかもしれない。

是枝　鏡で見て研究したりするんですか。

樹木　そんなことはしません。

是枝　でも骨を抜いているんですよね。

樹木　うん、抜いてる感じがするね。実際には抜けないけど。

是枝　僕はメモに「CGかというくらい」と書いているんだけど（笑）。『寺内貫太郎一家』のときの老いの演じ方とはまたちょっと違っている感じもして。

樹木　『寺内貫太郎一家』は、そういう意味ではちょっと漫画みたいにしてやっていたからね。でもおかげさまで久世さんのドラマで婆さんをやっていたから、いまでもすぐにできちゃう。ずいぶん得したわ。

是枝　骨を抜くということ以外にも、例えば口の周りの動きを変えていますよね？　口周りの筋肉を緩めるでしょう？

樹木　そうだね。

是枝　希林さんに実際にやってもらえると「年寄りってここが緩むな」とすごくよくわかるんだけど、やって見せてもらわないとなかなかわからない。何か食べるときの口周りの筋肉が弛緩した感じというのは、観察から取り入れたもの?

樹木　そうね。街を歩いているとそういうお年寄りを見かけるじゃない。ああいうふうになりたいなと思って。『歩いても 歩いても』でもやりましたね。あのときはちょっとの部分が入れ歯だったんだけど、私が「外して洗っていいかな?」と監督に聞いたら、監督が「その代わり入れるところまで見せてもらいます」って。普通、女優でやらないよね(笑)。

是枝　あれは素晴らしかったです。次は希林さんが暴れるシーンを観てみましょう。

『わが母の記』01:22:40〜

東京の洪作(役所広司)の家。室内で母・八重(樹木)が暴れている。止めようとする妻・美津(赤間麻里子)、次女・紀子(菊池亜希子)、三女・琴子(宮﨑あおい)、手伝いの貞代(真野恵里菜)。しかし八重はなかなか収まらない。書斎から洪作が現れると、八重は急に静かになる。

樹木　ここ、本当は息子[*23](役所広司)の妻が私をなだめて落ち着かせるというシーンだったんだけど、ぜんぜんなだめられなかったの。だって腕を撫でるだけなんだもん。「何、撫でてんのよ！」って怒鳴った覚えがある。

是枝　老いを演じるとき、スピードのことは考えていますか。

樹木　そうね。年寄りだからってゆっくり動こうとは考えない。このシーンでも、最初のテストのとき、みんな私を止めきれなかった。

是枝　普通は動きをトロくしようとしますよね。

樹木　そうそう。

是枝　でも希林さんはそれをしない。

樹木　しないの。このシーンも、監督は「ちゃんと止めてよ」と言うんだけど、誰も私の勢いを削ぐことができなくて。だって役の感情としては必死なんだからね。それで息子の妻が私をなだめられないもんだから……。

是枝　役所さんが出てくることになったんだ？

樹木　そう、「僕がやります」と。だから役所さんが出てくると、ふっと気持ちが収まって自分で納得するという芝居に変えたわけ。

是枝　なるほど。

樹木　感覚でわかるわけね。息子に摑まれた瞬間、抵抗できないって。そういうふうに〝身体〟で動いているんです。

是枝　最後に役所さんが希林さんを背負うシーンを観ましょう。

『わが母の記』01:44:44〜

沼津の海。明け方の浜辺。洪作（役所広司）が母・八重（樹木）を背負って立っている。裸足になりズボンの裾を捲っている洪作は、八重を背負ったまま波打ち際へと歩んでいく。洪作は背中の八重へ語りかける。八重は洪作の肩を摑み、顔を背中に預けて洪作の話を聞いている。

是枝　ここも希林さんは小さくて、すごく軽そうにおぶわれていますす。

樹木　ちっちゃいね。でも実は役所さんの力がなくて、なかなか私を持ちあげられなかったの。だから私が台の上に立って、そこからおぶさって、そしてちいさーくおぶわれてるの。

是枝　役所さんはどんな役者でしたか。
樹木　すごくよかった。余計なものがなくって。
是枝　余計なものというのは？
樹木　余計な芝居で想いを出していかない。
是枝　僕も役所さんは本当に何を観てもすごいと思う。役づくりで変えてこないのに、出てきた瞬間に……。
樹木　違う人になっている。
是枝　そう、違う人に見える。なぜだと思います？
樹木　形で変えてこないのね。
是枝　ふっと出てきた瞬間、すごいインテリにも見えるし、田舎のお百姓さんにも見えるんですよ。
樹木　やっぱり気持ちがそうなっているんじゃない？
是枝　気持ちだけ変えている、と。形態模写の真逆ですね。
樹木　そう。必ずその役になっていくのよ。ある意味でリリーさんもそういうところがあるわね。

台詞は動きながら

是枝　次は僕の作品ですが、『歩いても 歩いても』を観てみたいと思います。希林さんは衣装でレースの襟を着けているんですけど、最初の衣装合わせのときに自ら持ってこられたんですよね。覚えてます？

樹木　うん、覚えてる。

是枝　この役にレースの襟を着けようと思ったのは、脚本を読んですぐ？

樹木　うん、すぐ。うちに余ってるから使っちゃわなきゃと思って。

是枝　『悪人』のカツラと同じですね（笑）。

樹木　それもあるんだけど、衣装が普通のアッパッパーだったでしょう。私のサイズに合わせてあつらえてもらったんだけど、お医者さんの奥さんという役だから、若いころに趣味があったとか、そういうものはないかなと考えて。しかも二日間の話だから衣装替えが

ないじゃない？　だから「ちょっと着けさせて」と。あの襟、もとは白だったのを私が染めたのよ。あれがあるのとないのとではちょっと違うよね。家や人の背景がちょっと見えるというか。

是枝　ええ、素晴らしかったです。次に希林さんが夜、台所でレース編みをしながら「十年やそこらで忘れてもらっちゃ困るのよ」という一番肝になる台詞を言うシーンを観てみましょう。

『歩いても 歩いても』01:14:36～
横山家の台所。夜。とし子（樹木）がダイニングテーブルに座って編み物をしている。煙草を吸うために換気扇のところへやってくる良多（阿部寛）。ふたりは会話を始める。

是枝　ここでレースを編みながら台詞を言うのと、衣装に襟を使うというのは同時に発想したんですか。

樹木　いや、編み物の小道具が出ていたんじゃないかな。

是枝　ああ、置いていたかもしれない。それを見てから考えたんですか。

樹木　そうだね。さすがにそこまでは知恵がまわらないよね。ただ、ああいうキツい台詞を言うときは、ちょっと何かしながら言いたいのね。

是枝　「手を動かしていたい」と言われたことを覚えています。このシーンでもうひとつ、希林さんの芝居がすごいところがあるんです。

『歩いても 歩いても』01:15:24〜

横山家の台所。夜。良多が胸ポケットから一万円札を取り出して、編み物をしているとし子に渡す。「うれしいわぁ」「じゃあ遠慮なく」と言って両手で受け取るとし子。「何買おうかしらねえ」と言いながら、力士が手刀を切る仕草をする。とし子はお相撲さんの話を始める。

是枝　このお相撲さんの手の動き。これは希林さんのアドリブなんです。

樹木　ああ、そうだった。

是枝　脚本ではここから相撲取りの話をすることになっているんですが、おそらくそれがちょっと唐突だった。希林さんがこの手の動きを入れることで、すごく自然に流れているんです。

樹木　なるほど、それはまったく意識してないな。

是枝　これは僕が脚本で書けていないところなんです。だから現場でこの仕草を希林さんがされたとき、すごいなと。見事に僕の脚本の弱点をカバーしてくれました。このままもう少し続きを観てみましょう。

『歩いても 歩いても』01:18:12～

横山家の台所。夜。夫（原田芳雄）が風呂から上がった音を聞き、良多に孫と一緒に風呂に入るよう勧めるとし子。編み物の手を止め、嫁・ゆかり（夏川結衣）の名を呼びながら立ち上がり、夫の文句を言いながら、コップに水を注ぎ、戸棚から夫の薬を取り出し、お盆に載せる。台所にやってきたゆかりに孫を風呂に入れるように言い、良多の寝間着を取り出すために台所から出ていく。

是枝　こうやって動きながら台詞を言うところがすごく好きなんです。

樹木　ああ……なかなかこういうふうに芝居しないものね。

是枝　しかもブツブツと喋っている。脚本には台詞が書いてあるんですけど。

樹木　お父さんの悪口だから。悪口を言うときは、はっきり言わないようにしているの。

是枝　「ゆかりさーん」と嫁を呼び、風呂の準備、夫の薬を準備しながら、夫の文句を言っている。いろんなことを同時にやっていて、母親ってまさにこうだなと。先ほどの一番重い台詞があったあと、ふっと日常に戻ってきて、母親の動きとか感情がふわーっと動き出す。その転調する感じを見事に表現されているんです。

樹木　なるほどね。平幹二朗[*24]さんが「『歩いても 歩いても』を拝見しましたが、ああいう芝居は私にはできない」と言ってくれたんですよ。さすがに嬉しかったな。

是枝　もう一カ所だけ観てみましょう。映画の最後で、原田芳雄さんと希林さんがバス停で息子家族を見送ったあと、坂を上ってくるシーンです。

『歩いても 歩いても』01:45:28～
バス停から横山家へ向かう坂道。息子家族が乗ったバスが走り去ったあと、恭平（原田芳雄）が坂を上ってくる。その夫の後を追うように、少し離れてとし子（樹木）も坂を上ってくる。

是枝 ここを撮っているとき、希林さんを見ていて「杉村春子さんに歩き方が似ている」と思ったの。

樹木 ああ、そうなの。

是枝 シンプルに「あ、杉村春子だ」って。

樹木 私が着ているアッパッパーが『東京物語』*[25]の杉村さんを彷彿させたのよ。

是枝 着ているものも影響しているかな……。でも最近、佐久間良子*[26]さん主演の映画『湖の琴』*[27]を観返したんです。ファーストシーンから希林さんは佐久間さんと一緒に出てきて、繭の糸取りのところまで歩いていく。その歩き方がやっぱり杉村さんなんですよ。

樹木 着物を着ると、みんなああなるのよ。

是枝 いや、みんなはならないよ（笑）。

樹木　太地喜和子[*28]さんも小川眞由美[*29]さんもなったって言うから。
是枝　ホント？　杉村春子になるっていうこと？
樹木　なっちゃうのよ。文学座の女優はみんなああなる。
是枝　なぜそうなるの？
樹木　着物着ると……あ、アッパッパーでもなったか（笑）。
是枝　膝のあたりの使い方が違うような気がするんです。いや、腰ですかね。
樹木　（片方の肩を少し落として）「ねえ、アンタ」と、これだけでも杉村さんになるのよ。肩の落とし方でなんとなくね。不思議なもので。……いや、わかった！　杉村さんは腰骨の位置が高いんですよ。日本人のわりには。私もそう。脚が長いというのともまた違ってね。だから着物がすごく着づらい。寸胴で長いと収まるんだけど、ふっと上がっちゃう。
是枝　だからかな、歩き方がちょっと軽やかなんですよね。
樹木　なるほどね。つまんないところを観てんだなあ。
是枝　つまらないかもしれないけど（笑）、どうしてだろうとずっと疑問だった。明らかに希林さんだけ歩き方が違うから。
樹木　そうだった？　今度よく観てみようかな。ちなみにこの映画、（プロデューサーの）安田（匡裕）さんはなんて言ってたの？

是枝　安田さんは『歩いても 歩いても』は大好きでした。僕の作品の中で一番好きだったと思う。だけど、興行的にはあまり当たらなかったんだよね。

樹木　そうなのよね。

是枝　当たらなかったけど、安田さんは……たぶん、僕を慰めるためもあったと思うんだけど、ふたりで食事に行ったときに時計をくれたの。「もらったんだけど、使わないからお前にやるよ」と、そば屋のカウンターでカルティエの時計を。あとで聞いたら、自分でわざわざ買ったらしいんだけど。そのとき、「ああいう映画をつくってくれて、ありがとうな」と言ってくれたんです。

樹木　へえ……。そうか、評価してくれていたんだ。ちょっとホッとしました。

希林さんとの緊張の初対面の一カ月後、『歩いても 歩いても』の脚本ができ上がり、七月六日に阿部寛さん、[*30]夏川結衣さん、YOUさん、[*31]原田芳雄さん、希林さんに集まっていただいて、本読みを行った。

ちなみにあとで聞いた話だが、本読み直前、阿部さんは夏川さんに電話をかけてきて「この脚本、どう面白がったらいいのか……うまくつかめない」と不安を口にしていたらしい。でもそのくらいの距離感でちょうどいい気がしていた。そのほうが母である希林さんや父や姉や妻や息子に翻弄される良多のおかしみが出るはずだ。

本読みを終えたあと、希林さんが「いい本だわ。面白いわ」とみんなの前で感想を言ってくれ、原田さんも「そうだなぁ……」と同調してくれたのがとても嬉しかった。また、原田さん演じる父親が谷村新司[*32]の「昴」をカラオケで唄っていることを「演歌を唄っている」と妻（希林さん）にからかわれるシーンについて、原田さんご自身が「『昴』は演歌じゃないんじゃないかなぁ……」とボソリと呟き、「じゃああれは何てジャンルなんだ？　歌謡曲なのか？」とみんなで盛り上がったのが楽しかった。それを受けて僕は次の稿の脚本に「『昴』は演歌じゃないですよ……」と原田さんが反論する台詞を加えた。

お祓いが七月十七日、クランクインが十九日と決まり、急ピッチで準備は進んだ。希林さん演じる母が料理をつくるシーン、中でもトウモロコシの天ぷらを揚げるというのが僕の記憶とも深く繋がっていて大事にしたいシーンだったので、事前にリハーサルを行うことにした。だが、どのようにトウモロコシの粒をほぐすか？　油の温度を何度にするか？　一八〇度か二〇〇度か。衣の量は？　油の温度と衣の量の組み合わせを変えると鍋の中でトウモロコシはものすごい音を立てて弾け飛び、台所の周りはほとんど爆発事故のような有り様となった。「これを役者さんにやってもらうのは危険すぎる」と言い出すスタッフや「本当に監督のお母さん、こうやって揚げてましたか？」と僕の記憶を疑う者まで現れた。どうしたものか？　もう少し安全なやり方はないか？　と思案しているのを聞きつけた希林さんは、

「私なら大丈夫よ。もし顔に火傷したら、顔に火傷痕のある女っていう役を演《や》るから心配しないで」。

　このひと言でスタッフにも覚悟が生まれ、結果的には無事に撮影することができたのだが、こういうときの希林さんのユーモアと言葉のセンスに本当に感動したのを覚えている。

　この準備の流れの中で、黒澤和子[*33]さんが用意してくれた服にご自身で編まれたレースを襟元に着けたいというアイデアと、風呂場のシーンで入れ歯を外して洗いた

いというアイデアが希林さんから出た。脚本に「あんた、歯大丈夫なの？　ちょっと見せてごらんなさいよ」と大きくなった息子に昔のとおりに言って嫌がられるというシーンを書いていたのだが、恐らくそこから（母親を入れ歯にしたほうがこの台詞に説得力が出る）と発想されたのだろう。

このように、希林さんから出てくる発想は一見奇抜に見えて、実はとても論理的・俯瞰的に作品のことを考え、どこか別のシーン、別の台詞と繋がっていることがほとんどである。そのことに気付かずに採用したり却下したりすると、演出家として信用されないということがわかり、（これは気を緩められないな……）と自らを戒めた。

『歩いても 歩いても』は真夏の撮影だったので、東宝のセットに入っても一歩表に出るとうだるような暑さで、昼食のあとはスタッフが集まり負けたヤツが全員のアイスをおごる、という「アイスジャンケン」が恒例行事になった。

参加メンバーは日に日に増えた。もちろん真剣勝負だが、一番若い助手の子が負けると、その辺りを歩いているプロデューサーを強引に連れてきて負けた助手と勝

負させ、プロデューサーにすべておごらせて溜飲《りゅういん》を下げるというようなことをしていた。この「大会」には途中から夏川さんや阿部さん、YOUさんも参加して、より盛り上がりを見せた。

撮影現場での阿部さんの気遣いは尋常ではなく、差し入れコーナーに並ぶお菓子が少なくなるとマネージャーを呼び、「冷たいものが欲しいからあのゼリーを用意してくれ」とか（このとき食べたトマトのゼリーは本当に美味しかった）、「みんな疲れてきてるから甘いものがいいな。ミスドのドーナツにしよう。えーとこういう形のモチモチしたヤツ十コに、クリームの入ったヤツ五コ……」とすべて細かく指示を出す念の入れようで、大変ありがたかったが、あの大きな阿部さんがとても細かいことを気にされるというギャップが面白く、いつかまた阿部さんをキャスティングしたときに台詞にしようと思っている。

希林さんはそんなスタッフやキャストとの和やかな時間を楽しんでいるようだったが、撮影も残り少なくなったある日、「私、差し入れとか苦手だから、晩ご飯を一回ごちそうするわよ」と提案してくれた。せっかくなのでみんなの大好きな叙々苑のサービス弁当にした。ちょうどその日は花火大会があったので、東宝のビルの屋上に上って花火を見ながら美味しい焼肉弁当を食べたことを昨日のように思い出す。

ちなみに希林さんの話の最後に出てきた「安田さん」というのは、相米慎二監督[*34]と『お引越し』[*35]や『東京上空いらっしゃいませ』[*36]をつくったプロデューサーで、デビュー作からずっと父親のように僕の面倒を見てくれていた恩人だ。希林さんは安田さんのことをとても信頼して、というか面白がっていて、「あなた、ときどき本当に暗い目をするわねぇ……」と会うたびにしみじみと呟いていた。そのうち安田さんを見ると内藤やす子[*37]のヒット曲「弟よ」の歌詞を口ずさむようになった。

♪暗い〜、暗い眼をしてすねていた〜――

そんな風に安田さんをいじる人はこの業界には誰もいなかったので、本人もとても嬉しそうだった。

そんな安田さんが亡くなってもう十年になる。広尾のそば屋でもらった腕時計は、カンヌとかヴェネツィアとか特別なときだけ使うことにしている。

安田さん（右）お気に入りの写真

註

＊1　『課外授業 ようこそ先輩』
NHKが一九九八年〜二〇一六年まで放送し教養番組。是枝は二〇一四年十二月二十六日放送の「カメラを通して世界と出会おう」に出演。

＊2　吉永小百合
女優・歌手。一九四五年、東京都生まれ。五九年、『朝を呼ぶ口笛』で映画デビュー。代表作に『キューポラのある街』『愛と死をみつめて』『青春の門』『おはん』『天国の駅 HEAVEN STATION』『華の乱』『長崎ぶらぶら節』『北の零年』『母べえ』『おとうと』『ふしぎな岬の物語』など多数。吉永は主演ドラマ『おふくろの味』（一九七〇年）で初めて樹木と共演し、以来、食事に行くなど親密になった。また映画『夢千代日記』（一九八五年）で、吉永は最期を迎える死の床での台詞「ピカが怖い」を、社会派の浦山桐郎監督から「ピカが憎い」に変えてほしいと言われ、「それは違う」と反発。共演した樹木はこの吉永の態度を見て「小百合さんを認めた」と後年話している。

＊3　リリー・フランキー
イラストレーター・文筆家・俳優など。一九六三年、福岡県生まれ。自身の母親との半生を綴った小説『東京タワー 〜オカンとボクと、時々、オトン〜』（二〇〇五年刊）が二百万部を超す大ベストセラーになった。二〇〇八年の『ぐるりのこと。』で映画初主演。是枝作品では『そして父になる』『海街diary』『海よりもまだ深く』『万引き家族』に出演。

＊4　単発ドラマ
フジテレビで二〇〇六年十一月十八日に放送。演出にあたり久世光彦は主人公に大泉洋を抜擢。田中裕子や加藤治子、小林薫、樹木らに声をかけていた。だがクランクイン直前の〇六年三月に久世が急逝。演出家を新たに起用し、久世の意思を尊重する形で制作が続行された。翌年にはフジテレビで連ドラとして放送されている。

＊5　笠松則通
撮影監督。一九五七年、愛知県生まれ。日本大学藝術学部映画学科卒業。代表作に『どついたるねん』『バタアシ金魚』『きらきらひかる』『水の中の八月』『顔』『亡国のイージス』『座頭市 THE LAST』『大鹿村騒動記』『許されざる者』『怒り』など。

＊6　松岡錠司
映画監督。一九六一年、愛知県生まれ。日本大学芸藝学部映画学科卒業。九〇年の『バタアシ金魚』で監督デビュー。代表作に『きらきらひかる』『トイレの花子さん』『ベル・エポック』『さよなら、クロ』『歓喜の歌』『深夜食堂』など。

＊7　秋山道男
編集者・プロデューサー・クリエイティブディレクター。一九四八年、千葉県生まれ。十九歳ごろ、若松孝二の若松プロダクションに入社し、脚本・音楽・ポスター制作・助監督を担当。秋山未知汚名義で若松監督の作品に出演。七八年、事務所「秋山計画（のちにスコブルコンプレックス會社と改称）」を設立。雑誌の編集、単行本の装丁、無印良品全般のプロデュースや、チェッカーズ、小泉今日子の総合プロデュースなどさまざまな領域で活躍。二〇一八年没。

＊8　ソン・ガンホ
俳優。一九六七年、大韓民国出身。慶尚専門大学放送芸能科を中退後、入隊。九六年に『豚が井戸に落ちた日』で映画デビュー。九九年の『シュリ』がヒットし、韓国を代表する演技派俳優として活躍。代表作に『JSA』『殺人の追憶』『大統領の理髪師』『グエムル―漢江の怪物―』『シークレット・サンシャイン』『渇き』『凍える牙』『スノーピアサー』『弁護人』『密偵』『タクシー運転手　約束は海を越えて』など。

＊9　オダギリジョー
俳優。一九七六年、岡山県生まれ。カリフォルニア州立大学フレズノ校で演劇学を専攻、休学。九九年、舞台『DREAM OF PASSION』でデビュー。二〇〇三年、映画『アカルイミライ』で初主演。代表作に『血と骨』『メゾン・ド・ヒミコ』『ゆれる』『転々』『たみおのしあわせ』『FOUJITA』『オーバー・フェンス』『エルネスト　もう一人のゲバラ』など。是枝作品では『空気人形』『奇跡』に出演。

＊10　『悪人』
吉田修一の同名小説を李相日監督が映画化。二〇一〇年公開。

＊11　李相日
映画監督。一九七四年、新潟県生まれ。神奈川大学経済学部卒業後、日本映画学校（現・日本映画大学）に入学。卒業制作がぴあフィルムフェスティバルでグランプリを含む、史上初の四部門独占。その後はフリーの助監督として活動し、『BORDER LINE』でデビュー。代表作に『69

sixty nine』『スクラップ・ヘブン』『フラガール』『悪人』『許されざる者』など。

＊12 『大誘拐 RAINBOW KIDS』
天藤真の小説『大誘拐』を岡本喜八監督が映画化。一九九一年公開。

＊13 妻夫木聡
俳優。一九八〇年、福岡県生まれ。高校時代から読者モデルとして人気を博す。九八年、テレビドラマ『すばらしい日々』で俳優デビューし、同年公開の映画『なぞの転校生』で映画初主演を果たす。代表作に『ウォーターボーイズ』『ジョゼと虎と魚たち』『春の雪』『悪人』『マイ・バック・ページ』『東京家族』『黒衣の刺客』『家族はつらいよ』『怒り』『愚行録』など。野田秀樹の舞台でも活躍。

＊14『サイドカーに犬』
長嶋有の同名小説を根岸吉太郎監督が映画化。二〇〇七年公開。

＊15『ジョゼと虎と魚たち』
田辺聖子の同名短篇小説を犬童一心監督が映画化。二〇〇三年公開。

＊16『家族はつらいよ』
山田洋次監督による二〇一六年公開の映画。『男はつらいよ 寅次郎紅の花』以来、二十一年ぶりの喜劇映画。二作目が一七年、三作目が一八年に公開された。

＊17『わが母の記』
井上靖の同名小説を原田眞人監督が映画化。二〇一二年公開。

＊18 原田眞人
映画評論家・映画監督・脚本家。一九四九年、静岡県生まれ。ロサンゼルスにて映画監督修行を積み、七九年に『さらば映画の友よ インディアンサマー』で監督デビュー。代表作に『バウンス ko GALS』『突入せよ！「あさま山荘」事件』『クライマーズ・ハイ』『わが母の記』『駆込み女と駆出し男』『日本のいちばん長い日』『検察側の罪人』など。

＊19『駆込み女と駆出し男』
井上ひさしの小説『東慶寺花だより』を原案に原田眞人監督が映画化。二〇一五年公開。

＊20 伴淳三郎
コメディアン・俳優。一九〇八年、山形県生まれ。二七年より日活大将軍撮影所の大部屋俳優に。五一年より、新東宝に所属。『アジャパー天国』で主演し、「バンジュン」の愛称で親しまれる。五八年からは森繁久彌、フランキー堺と共演の『駅前

シリーズ』がヒット。喜劇俳優として名を馳せる一方、六五年の『飢餓海峡』では老刑事でシリアスな演技を見せ、毎日映画コンクール男優助演賞を受賞。八一年没。

＊21　小林亜星
作曲家・俳優・タレント。一九三二年、東京生まれ。慶應義塾大学経済学部を卒業後、音楽家の服部正に師事。レナウン「ワンサカ娘」、日立グループ「日立の樹」、明治製菓「チェルシーの唄」などCMソング、「魔法使いサリーのうた」「ひみつのアッコちゃん」などアニメソング他、ヒット曲多数。七四年、『寺内貫太郎一家』で俳優デビュー。貫太郎のモデルは向田邦子の実父で、演出家の久世光彦が演技経験もない作曲家の小林にオファーしてきたのは、高木ブー、フランキー堺に断られたから。長かった髪もTBSの床屋で坊主にさせられたが、その姿を見た向田がOKを出し、いよいよ断れなくなったという。設定では五十一歳の貫太郎を演じた小林は、当時四十一歳だった。

＊22　キムラ緑子
女優。一九六一年、兵庫県生まれ。八四年、マキノノゾミ（のちの夫）が立ち上げた劇団「M.O.P」の旗揚げに参加し、二〇一〇年の解散まで看板女優として活躍。〇〇年ごろからテレビドラマ・映画にも出演。是枝作品では『海街diary』で看護師長を演じている。

＊23　役所広司
俳優。一九五六年、長崎県生まれ。「無名塾」に入塾後、八〇年、NHK連続テレビ小説『なっちゃんの写真館』でテレビデビュー。NHKの『徳川家康』『宮本武蔵』など時代劇で注目を集める。九六年公開の主演映画『Shall we ダンス?』が大ヒット。映画の代表作に『タンポポ』『眠る男』『うなぎ』『CURE』『EUREKA』『SAYURI』『叫』『バベル』『十三人の刺客』『わが母の記』『渇き。』『蜩ノ記』『孤狼の血』など。是枝作品では『三度目の殺人』に出演しているが、キャスティングに結びついたのは公開前年に是枝に届いた役所からの「そろそろですね」という年賀状のひと言だったという。

＊24　平幹二朗
俳優・演出家。一九三三年、広島県生まれ。五六年、「俳優座」座員に。『四谷怪談』『ファウスト』などに出演。六三年、テレビドラマ『三匹の侍』にレギュラー出演。六八年、フリーに。浅利慶太、蜷川幸雄の舞台に主演する。NHKの大河ド

ラマでも複数回の主演を務めるなど、日本を代表する名優のひとり。二〇一六年没。

＊25　『東京物語』
小津安二郎監督による一九五三年公開の映画。尾道から上京した年老いた両親を、長男、長女は多忙で相手ができない。唯一かまってくれたのは、戦死した次男の妻・紀子だった……。主演は笠智衆、原節子。杉村春子は長女役。

＊26　佐久間良子
女優。一九三九年、東京生まれ。五八年、映画『美しき姉妹の物語・悶える青春』の端役でデビュー。東映東京撮影所期待のホープ女優として人気に。代表作に映画『人生劇場　飛車角』『五番町夕霧楼』『越後つついし親不知』『わが闘争』、ドラマ『おんな太閤記』など。

＊27　『湖の琴』
水上勉の同名小説を田坂具隆監督が映画化。一九六六年公開。

＊28　太地喜和子
女優。一九四三年、東京都生まれ。五九年、東映ニューフェイスの第六期に合格。六三年、東映を離れて「俳優座」に入団。『欲望という名の電車』の杉村春子の芝居に衝撃を受け、六七年、「文学座」に入団。同年、映画『花を喰う蟲』で主演。映画の代表作に『藪の中の黒猫』『男はつらいよ 寅次郎夕焼け小焼け』『火まつり』など。九二年、自動車事故で逝去。

＊29　小川眞由美
女優。一九三九年、東京生まれ。六一年、文学座付属研究所に入所。同期に樹木、岸田森らがいる。六三年、映画『母』でスクリーンデビュー。七一年、退座。代表作に映画『二匹の牝犬』『女の一生』『鬼畜』『食卓のない家』など、ドラマ『孤独の賭け』『女ねずみ小僧シリーズ』『アイフル大作戦』『華麗なる一族』など。

＊30　夏川結衣
女優。一九六八年、熊本県生まれ。モデルを経て、九二年のドラマ『愛という名のもとに』で女優デビュー。代表作に映画『夜がまた来る』『私たちが好きだったこと』『天然コケッコー』『孤高のメス』『東京家族』『家族はつらいよ』『64―ロクヨン―』など、ドラマ『青い鳥』『結婚前夜』『あなたの隣に誰かいる』『菊亭八百善の人びと』『87%』『結婚できない男』『トップセールス』『遠まわりの雨』『幸福の黄色いハンカチ』など。是枝作品では『DISTANCE』『花よりもなほ』

『歩いても 歩いても』『奇跡』に出演。

＊31 原田芳雄
俳優。一九四〇年、東京生まれ。俳優座養成所を卒業。六七年、テレビドラマ『天下の青年』でデビューし、翌年『復讐の歌が聞える』で映画デビュー。圧倒的な存在感と的確な演技力で人気を博す。代表作に映画『竜馬暗殺』『祭りの準備』『ツィゴイネルワイゼン』『鬼火』『大鹿村騒動記』など、ドラマ『五番目の刑事』『独眼竜政宗』『砂の器』など。是枝作品では『花よりもなほ』『歩いても 歩いても』『奇跡』に出演。二〇一一年没。

＊32 谷村新司の「昴―すばる―」
一九八〇年に発売された、谷村新司のシングル。ニッカウヰスキー「スーパーニッカ」のCMソングとして使用。フォーソンググループ「アリス」を率いる谷村の、ソロとしては自身最高となる六十万枚のヒット曲になった。是枝は『歩いても 歩いても』の脚本リサーチで医者はカラオケで「昴」と「マイ・ウェイ」を好んで歌うという結果を得て、「昴」を選んだ。

＊33 黒澤和子
衣裳デザイナー・エッセイスト。一九五四年、東京都生まれ。黒澤明監督の長女。サン・デザイン研究所、伊東衣服研究所デザイン科卒業後、イタリアへ移る。母の死を機に帰国し、黒澤プロダクションを手伝う。八八年、黒澤明の映画『夢』より衣裳を担当。代表作に『八月の狂詩曲』『まあだだよ』『雨あがる』『たそがれ清兵衛』『座頭市』『博士の愛した数式』『アウトレイジシリーズ』『清須会議』『マスカレード・ホテル』など。是枝作品では『花よりもなほ』『歩いても 歩いても』『そして父になる』『海よりもまだ深く』『三度目の殺人』を担当。『万引き家族』の衣裳デザインで芸術選奨文部科学大臣賞（映画部門）を受賞。

＊34 相米慎二
映画監督。一九四八年、岩手県生まれ。七二年に中央大学法学部を中退し、契約助監督として日活撮影所に入所。八〇年、薬師丸ひろ子主演の『翔んだカップル』で監督デビュー。翌年、『セーラー服と機関銃』が大ヒット。八二年に長谷川和彦、根岸吉太郎ら若手監督九人による企画・制作会社「ディレクターズ・カンパニー」を設立。代表作に『ションベン・ライダー』『台風クラブ』『雪の断章 情熱』『お引越し』『あ、春』『風花』など。二〇〇一年没。

＊35 『お引越し』
ひこ・田中の同名小説を相米慎二監督が映画化。一九九三年公開。田畑智子のデビュー作。

＊36 『東京上空いらっしゃいませ』
相米慎二監督による一九九〇年公開の映画。牧瀬里穂のデビュー作。

＊37 内藤やす子の「弟よ」
一九七五年に発売された、内藤やす子のデビューシングル。累計売上は六十五万枚。

第4章

なんでもない人を演じる

2016年3月14日
於・イイノ南青山スタジオ

『海よりもまだ深く』での個人的な失敗

是枝　『海よりもまだ深く』の第一稿を希林さんにお渡ししたのは、小川軒というレストランに誘っていただいて、そこでお昼ご飯を食べながらでした。そのとき、『海街ｄｉａｒｙ』の出演も同時にお願いしたんだけど、すぐに「これぐらいの役だったらやるわ」と言ってもらえて。でも、『海よりもまだ深く』のほうはしばらくして「これはちょっとできません」と一度断られたんですよね。

樹木　もちろん是枝さんでなければ書けない映像の世界がちゃんと書かれていたんですけど、「これなら別に私じゃなくても、だいたい同じ年齢の人なら大丈夫」だとか「また客が入らなかったら悪いから」とか瞬時にいろいろ考えてね。他の映画の撮影が重なっていたし、台本を返しにいった。

是枝　それで「いやいや、困ります」と、一時間くらい僕と希林さんの間を第一稿が行ったり来たりして（笑）。

樹木　なかなか終わらなくて、最後は私が根負けした。気が短いからね、私。

是枝　僕としては希林さんでなければやらないつもりだったから。希林さんが危惧されていることもわかってはいたつもりだったんですが。

樹木　私、何を危惧していたかな？

是枝　「お客さんが観たいかな、これ？」と言われたんです。「この役が私だというのはわかるし、監督がこれをやりたい気持ちもわかるけど、お客が観たいかな？」と。それと「私がこの作品に新しい何かを加えられるかどうか」と悩まれていた。

樹木　そうでした。『歩いても 歩いても』のときは、人を助けるという気持ちからだけど、自分の息子が命を落としてしまうという設定で、そういうどうにもならない悲しみを背負っている役だった。でも、今回の役は案外何も背負っているものがないのね。

是枝　「役者としては取っ掛かりがない」「達成感がない」と言われました。でも、だからこそ希林さんにやってほしいと思ったんです。

樹木　よくこういうことがあるんです。キャスティングのときに「この役はなんでもない感じの人がいいんです」と言う。でも、本当にそういう人を連れてくると、ただ「なんでもない」だけなの。「なんでもない人の魅力」というのがなくちゃならないのに。それから例えばだらしのない男の役。こっちの女にフラフラ、あっちの女にフラフラという役があって、「この人ピッタリでしょう？　だらしない主体性のない人なんですよ」と言ってそういう役者を連れてくる。確かにその人はいつも通りの自分でいるんだけど、映画の中でその役が魅力的になっているかどうかは別なんです。そういうことでたいがいキャスティングが失敗するのよ。「なんでもない役」を魅力あるように演じるのは、面倒くさい作業なんです。

是枝　じゃあ『海よりもまだ深く』も面倒くさかった？（笑）

樹木　言ってみればね。でも、こっちが考えないでも、監督が自然と写してくれたから結局はよくなっているんだけど。例えば、孫が「宝くじが当たったらまた一緒に住めるかな」と言うところ。台本にはそこで涙を流すというのは書いていなかった。書いてあったら、きっと違う芝居をしちゃったね。

是枝　あのシーンは孫を演じた吉澤太陽君[*1]がよかったというのもあるんですよね。脚本を書いた自分も希林さんが泣くシーンだとは思っていなかった。もう少し子どもの他愛のない感じが強かったんです。でも現場で撮っていて、太陽君の台詞の言い方で、希林さんのすごく深いところに届いた感じがわかった。だからここでふっと涙ぐむのはありだなと。

樹木　カットをかけるのを延ばしてくれているのよね。私が「嬉しいわぁ」と言ってじっと孫の顔を見ているのを、残して撮ってくれている。

是枝　下手すると失敗してしまう危険なシーンなんですけど。希林さん側からすると、子どもに不意打ちされた感じなんですよね。だからいい涙だと思って。じんわりじゃなくて、急にふっとくる感じの涙。

樹木　この役って本当はそんなに孤独じゃないのよ。息子も娘もいるし、娘には子どもがふたりいて、フィギュアスケートに行かせたり、お小遣いをあげたりしている。だから満たされてはいるんだけど、一瞬の間にふっと感情が出る。「一緒に住もう」という台詞は、私も台本で読んだときは何ともなかったんだけど、現場で孫の顔を見ているうちにすごく胸にこみ上げてきたのね。しかも監督がそれを残してくれた。感じない監督は感じないからね。「はい、カット!」って切っちゃって、「あーあ」って思う（笑）。ちゃんと感じてくれる作家に出会えるというのは、役者としては幸せですね。

是枝　恥ずかしいけど少し嬉しいです（笑）。

樹木　映画の最後のほうでも、嫁（真木よう子）[*2]と私が台所で話すシーンがあるでしょう。私が「もうダメなのかしら」「なんでこんなことになっちゃったのかね」と言って泣くんだけど、カットがかかったあとで「ちょっと泣き過ぎたかな」って監督に言ったら、「顔は写していませんから」と言ってね。

是枝　そこでふっと泣くというのは脚本に書いていましたが、希林さんが泣くことが目的ではなくて、「目の前で泣かれた」という、嫁が姑の気持ちを受け止めることのほうが大事なシーンだったので。

樹木　そう、そっちのほうが大事。だから失敗しても安心して預けられるんです。

でもね、今度の『海よりもまだ深く』で失敗したな、役者としてここを忘れていたなと思っているところがありまして。是枝さんのお母さんにとっては、是枝さんが何より可愛かったんだよね。ふたりの娘（是枝の姉ふたりのこと）よりも可愛かった。そういう「それでも息子が一番可愛い」という感じを、もうちょっと私が画面の中で出せばよかったかなと思って。言葉じゃなしにね。ということは、嫁に対してもどこかしら気に入っていないところがあるのよ。台所でもたもたしているのを見て「こういう嫁、嫌だなあ」と思うとか、「うちの息子はあんなふうになるはずの子じゃない。あんたも悪いのよ」というような。

是枝　嫁に対しての感情をどこで出すかということに関しては、僕は嫁の前ではなく、バス停で息子と話しているときや、姉と話しているときの「学があるから〜」というような台詞で出そうと考えていました。

樹木　確かに言ってはいるんだけどね。ベランダのシーンで、蝶々の話をしながら「こんなはずじゃなかった」って。絶対に自分のせいだとは思いたくない。「お父さんが悪いのよ」「ああいう嫁じゃなければ」「世の中が見る目がないのよ」とか、本当にそう思っている。そういう母親、いっぱい見てきました。確かにそれを露わにすることもないんだけど、もうちょっとお芝居で出してもよかったな。自分の息子はなりたい大人になれなかったけれど、それは自分のせいではない、という婆さん独特の図々しさがもう少しあってもよかったなと。

是枝　でも、「息子の嫁」に対する感情で言うと、『歩いても 歩いても』では、嫁に対して相当辛辣な言葉を言わせているんですね。「何も人のお古を」とか。でも、今回の嫁に対しては「自分ももし学があれば……」とか「時代が変わっていれば、夫とは離婚していたかもしれない」と、どこかしら自分と重なる部分がある。

樹木　つまり、共有できるものがある。

是枝　そうです。僕はそう捉えていたんだけど。

樹木　そうね……でも、私はもう少し愚かなほうがいいかなと思う。それは教育があるとかないとかでなく、「どうしたって母親にとっては息子が一番」というね。それを、息子にちょっと触ったりとかして、さりげなく出せたんじゃないかなって。

是枝　いや、充分に出ていましたよ。

樹木　私がやると、意地の悪さも含めて、そういうものを出し過ぎちゃうところがあるけど、是枝さんの映画だとそこを抑えてもらえるのね。それは是枝さんの人柄だと思う。とにかく、母親にとってはどうしたって息子が可愛い。娘は可愛くないんだよね、あんまりね（笑）。

是枝　そのへんは僕と姉と母親との関係も同じで。姉は「なんでヒロちゃんばっかり」といつも言ってたんです。でも母は「だって……」と言う。その「だって……」には理由はないわけですもんね。

樹木　そうなの。私も妹と女ふたりきょうだいだと思っていたら、母親が父との結婚前にふたり、女の子と男の子を出産していたんです。しかも、ずいぶん大人になってからふたりとも呼び寄せて、母がやっていた飲食店を手伝わせていた。父や私たち姉妹には内緒でね。知ったのは、母が亡くなったとき。その男の子が店や母親の金を遣い込んだりしていたのに、母の「あの子が一番可愛い」というのは、言いはしないけど、溢《あふ》れていました。

そういうちょっと愚かな部分と、その対極として「あの嫁じゃなかったら……」とか「世の中が変わっていたら……」と、責任を他人や世の中に押し付けているような感じが、母親独特の性質で。私自身も母親で、そんなことを言っている暇もなく突っ走ってきたから別だけど、客観的に見るとそういう母親をいじらしいなと思う。それは嫌なことではないんです。

是枝　でも、息子を愛しているがゆえに、息子が自分を苦しめた夫に似てしまう危険性みたいなものもどこかに感じている。

樹木　先のことはあまり考えないの。いま息子がそうなってしまっていることは、「お父さんの血を引いたのよ」というところで忘れてしまいたいのよ。そういう母親のもつしぶとさとしたたかさ、自分中心の考え方はみんな根底にあると思う。教育を受けようが受けまいが関係なくね。

是枝　嫁を演じた真木（よう子）さんはいかがでした？

樹木　私、真木さん自身がちょっと女の色気に欠けるから、「うちの息子可哀そうに」って思っているのよ（笑）。もちろん綺麗ですよ。でも、少年みたいでしょう。やっぱりそういう真木さん自身の素が出る。私もちっとも意地悪くしようとしていないのに、意地悪な素が出ちゃって。例えば、阿部さんが「（新しい恋人と）やったのか？」と訊く場面で、「やめてよ」と返事するところでも、真木さんのは本当に「やめてよ」だからさ（笑）。もう少し肉体の色気があると、違うニュアンスを響かせられたのになあと。

是枝　そこは強さが出ているんですね、彼女の。

樹木　そう。まあ、母親としては「うちのハンサムで、背が高くて、可愛い息子の嫁がもうちょっと違っていたら」ってずっと思っているようにしてるの。この宣伝活動の間はね（笑）。

是枝　（笑）この作品でも具体的なシーンを見てみましょう。阿部さんがケーキを持って団地にやってきて、希林さんがその箱を開け、箱の紐を結び、冷蔵庫にケーキを仕舞うシーン。その紐の結び方が、僕の母親とまったく一緒だったんですよね。

『海よりもまだ深く』00:09:35〜
団地の淑子（樹木）の家。台所。突然訪ねてきた良多（阿部寛）がお土産に持ってきたケーキの箱を袋から取り出す淑子。良多が父の掛け軸のことを淑子に聞いている。淑子はそれに答えながら、ケーキの箱の包装を解き、冷蔵庫に仕舞う。

是枝　演出の意図としては、阿部さんを動かさずに、その周りで希林さんを動かしながら、団地の部屋の空間を見せているシーンです。希林さんはその間ずっと動いている。そういうことができることを前提でお願いしてやってもらっているんですけど、本当は難しいでしょう?

樹木　普通の人はできないよ。台詞を言うことに気がいっちゃうから。

是枝　これは訓練の結果?

樹木　文学座で柔軟体操というのがあったの。すーっと全身の力を抜いて、操り人形みたいに吊るされた状態から、「はい、腰だけ動かして」とか「胸だけ回して」とか。操り人形の「はい、右手が上がりました」「両手が上がりました」「ぷつっと糸が切れました」というような、身体を部分的に動かすという訓練。それが私と橋爪（功）君はことさら上手かった。ひょっとしたらあれに繋がるかもね。

是枝　身体のパーツを別々に考えるということですね。

樹木　そう。こっちでコップの水をこぼさないようにして、こっちで何か別のことをするみたいなことは感覚的にできる。その柔軟体操は訓練というほどのものでもなくて、週に一回あるぐらいのちょっとの授業だったんだけど。それが群を抜いてふたりとも上手かった。力の抜き具合が。自慢はそれだけだね。でも利点ですよね、役者としての。

是枝　演出する側として、役者として観ていてちょっとこの人使いづらいなと思う人は、台詞を言うことに百パーセント集中してしまう人。自分の台詞をよく言おうとしている人。そのときに身体が固まるんです。プロでもそういう人がたくさんいますよね、喋っているときに動かなくなってしまう人。希林さんはそれとは真逆。

樹木　あと、台詞を言い終わったときにみんな止まってる。ホッとするのかねえ。

是枝　このシーンではケーキの紐を結んでから、さらにビニール袋も畳みますよね。

樹木　いつもの私だったら畳むときにピシッピシッと空気を抜くの。それが気持ちいいのよ。でも、音がうるさいかなと思ってやめた。役者というのはやっぱり日常を生きてないと駄目ですね。この映画でも、カルピスを凍らせたアイスをカチンカチンとやって「臭くない？」というシーンがあるけれど、そうやって実際にやってきたことが活きている。細かいところにちゃんとリアリティがある。だから観終わったときに嬉しいんですよね。

是枝　もう一カ所、阿部さんと蝶々の話をする道のシーンで、橋爪さんとばったり会って短い立ち話をするところから観ていいですか？

『海よりもまだ深く』00:16:52〜
団地のゴミ置き場。良多（阿部寛）が帰り際に淑子（樹木）のゴミ捨てを手伝う。仁井田（橋爪功）が通りかかり、淑子は良多を紹介する。仁井田と別れ、バス停まで良多を送りながら、淑子は先日見た蝶の話をする。

是枝　この別れ際の、橋爪さんの〝間〟が素晴らしいんです。見る人によっては、橋爪さんが一瞬台詞を忘れたんじゃないかと思うでしょう。でも本人は忘れているような間ができることを楽しんでいる。実際にこの年齢だとこうなるということを踏まえた上で、絶妙なところでコントロールしているんです。

樹木　ちょっとした勘なのよね。「こうしよう」とかいちいち考えたり悩んだりしていない。瞬間芸。ベートーヴェンのレコードをかけるときも間があって、私と目が合うと「大丈夫だよ、台詞忘れてないから」って目で語りかけてくんのよ（笑）。

是枝　普通はなかなかできない。

樹木　うん、できない。だから、それが残念ながら『家族はつらいよ』では邪魔な存在になってる（笑）。可哀想にね。橋爪君、ローラースケートとかもすごく上手いのよ。舞台で動き回ったって絶対に落ちないの。

是枝　身体能力も高いんですね。このシーンで橋爪さんと別れてから阿部さんと歩き出して、「（橋爪演じる仁井田の妻が）三年前に亡くなったんだってよ」という希林さんの台詞があるんですが、僕が編集で切ろうとしたのは覚えてます？

樹木　覚えてない。

是枝　「ここ、ちょっとなしにしましょうか」と言ったら、「いや、この母親はきっとあの人の奥さんのことを気にするから、絶対にあったほうがいい」とはっきり言われたんです。

樹木　ああ、そう。いまもそう思ったわ。

是枝　でき上がってみて、残してよかったなと。母親の「息子がいないときの生活」がほんの少し見えるんですよね。

樹木　そうそう。母親は息子に「あの人の奥さんはもういない」というのをはっきりと言いたいのよ。だからといって自分のほうには絶対に来ないいんだけど、息子には言っておきたいっていう。残してくれてよかったわ。

……あとはそうね、阿部さんと池松[*3]壮亮《そうすけ》君とのくだりはおかしいね。

是枝　よかったですよね。阿部さんも「池松君にずいぶん助けられたなあ」と言っていました。

樹木　競馬場の「ちょっと（お金を）貸して」というところで、ずうっとくっついているくだりがよかった。いいコンビですよね。

　インタビューの中でも触れたが、『海よりもまだ深く』への出演は当初かなり頑なに断られた。実はこういう形で役を断られたのは三度目だ。

　一度目は『ゴーイング[*4] マイ ホーム』というテレビドラマのとき。自分としては

『歩いても 歩いても』の姉妹篇としてつくろうと勝手に考えていたので、阿部寛さん演じる主人公良多とYOUさん演じる姉の母親役をお願いした。

そのときに断られた理由はふたつ。「もうテレビはやらないと内田と約束しちゃったから」がひとつ。もうひとつは「私はどう演じても一流企業の重役の妻には見えないわよ」だった。「この役なら○○さんのほうがいいわよ。連絡先教えましょうか」。このときは仕方なく僕が引き下がった。では実際に母を演じた吉行和子さん[*5]は二番手だったのかと思われそうだが、そんなことはない。吉行さんにオファーするにあたっては、彼女の声や表情で脚本はすべてリライトして、結果的にはアテ書きの形になっている。そしていまにして思えば、吉行さんで本当によかったと思う。僕よりも希林さんのほうがプロデューサーの眼をもっていたということになる。

最初は渋っていた『海よりもまだ深く』への出演だが、いざ覚悟が決まってからは、本当に見事な役づくりだった。

『歩いても 歩いても』のときは「私はあなたのお母さんを演じるわけじゃないからね」と宣言し、僕も「もちろんそれで構いません」と応じていた。クランクアップ直前になって「一枚だけ、写真を見せてくれない？」と言われたので、僕が育った清瀬の団地で撮った、父と並んだふたりのモノクロ写真を見てもらった。それだけだった。
『海よりもまだ深く』では「何でもいいからお母さんのものをひとつ持ってきて」と最初に言われた。『歩いても 歩いても』とはアプローチを変えようとされているようだった。パジャマにしようか、ウイッグにしようか、メガネにしようか……。そんな悩んだ末にウイッグは危険だなと考えて、母が使っていたメガネを持参した。そんなことを狙ったつもりもないのだが、映画の中の希林さんと阿部さんを見ていると母と自分にしか見えない瞬間が度々あって自分の記憶の中にタイムスリップしたような錯覚を覚え、胸がざわついた。

お芝居を見ていて驚かされたことがひとつあった。台所のテーブルに座り、団子を食べながら小林聡美[*6]さん演じる娘と話す、何ということのないシーン。麦茶を一口飲んで、冷蔵庫を開け、グラスに注ぐ。リハーサルもその流れでお芝居をしていたのに、本番直前、希林さんはグラスに残っていた麦茶をぜんぶ飲み干してしまった。そして本番では、空になったグラスを一度手に取って口元へ持っていき、飲もうとしてそこで初めてもう中身がないことに気がついて、冷蔵庫へと向かった。こういう芝居というのは恐らく日常の観察から生まれるアイデアなのだろうと思うのだが、本当に脱帽した。カットをかけたあと、さすがに感動してそのことを伝えると、嬉しそうに「でもあるでしょ……そういうこと」と笑っていた。

『歩いても　歩いても』は母を亡くしてすぐに書いた脚本だったので、書いているときも撮っているときも、母についての映画だと思っていた。しばらくして観直してみると、父についての映画だったことに気付いた。縦軸を繋ぐのは老いた父であり、亡き兄であり、血縁のない息子だった。

だから『海よりもまだ深く』では中心に母を置いてみた。台風のエピソードも凍らせたカルピスも防水のラジオも黄色い蝶の話も、ほぼ母の実話であるが、決して特別な物語ではない。特別な感情でもない。中学生でもわかる言葉だけで台詞を書こうと思った。つまり、一番難しい話だ。だからこそ希林さんがどうしても必要だったのだ。

このインタビューの中で真木さんのお芝居に触れている部分を、演出家の立場から多少補足させていただきたい。

希林さんが指摘した真木さん演じる元嫁が主人公に見せる強さは、むしろ僕が意図したものだ。元夫が勝手に実家に息子を連れていってしまい、台風の中、意に反して迎えにこねばならなくなった真木さんが玄関先で元夫を上目づかいでキッと睨むシーン。僕は真木さんに「もっと強く」「もっとキツく」と指示をした記憶がある。足に触れようとした阿部さんの手を思い切りグーで殴るところも「本気で拒絶してくれ」と話したと思う。気を許すとこの男は甘えることがわかっているから、である。そこまで強くあたっても大丈夫だと判断したのは、真木さんが、元夫の知らないところでまだ愛情が残っていることをきちんと表現できているからであった。

それは結婚を前提に付き合っている男とのレストランでの食事シーン。阿部さんの小説を読んだという男の言葉に、真木さんは「どうだった?」と問い返す。ここではっきりと夫を擁護する発言をするわけではないのだが、彼女のちょっとした台詞の間や目の動きで、そのことは観客に充分に伝わったと僕は考えた。真木さんは繊細なとてもよいお芝居をしてくれた。阿部さんもでき上がった映画を観て、「あの真木さんの表情で良多は救われた気がしました」と言っていた。だから、映画の中で良多は救われなくてよかったのだと思う。

真木さんのお芝居に対する希林さんの不満も、「この宣伝活動の間は」と自ら言っているとおり、多分に役柄を引きずった母から息子の嫁に対する評価である側面が強いように思う。

『海よりもまだ深く』では念願叶って、希林さんとカンヌ[*7]の映画祭に参加することができた。「コンペじゃなくて『ある視点部門』なんですけど……」と話すと「この作品にはちょうどいいわよ」と希林さん。まあ、実の母親には叶えてあげられなかった親孝行を「母」を演じてくれた希林さんに、という想いがなかったわけではない。しかし、カンヌ滞在中の希林さんは持病の喘息の症状が出てしまい、見るからに息が苦しそうであまり楽しむ余裕はなかったように思う。

四カ月後の九月に訪れたスペインのサン・セバスチャン映画祭[*8]は、街が美しく気候もよく食事も美味しいという何拍子も揃った映画祭で、希林さんの体調がよかっ

スペインのビルバオ空港へ向かう機内にて

たこともあってとても楽しそうだった。しかし、到着直後にお連れした二つだか三つだか星のついた人気レストランは希林さんの好みとは違っていた。素材がいったい何なのか、食べてもわからないような加工のされ方をしたフュージョン料理で、途中で挨拶に来たシェフに「どうだ？」と訊かれ、「手を加え過ぎよ。何食べてるんだかさっぱりわからない」と、きっぱりとダメ出しをしていた。

みんなが言いたくても言えないことを、こうして希林さんが言ってくれることが度々ある。憎まれ役を買って出てくれる人がいるのをいいことに口を噤《つぐ》むのは人としてどうなのかとは思うが、なかなか希林さんのような後味、切れ味よくとはいかないのだから、やはりお任せして正解だったのかもしれない。

二〇〇九年に香港の映画祭にご一緒したときのこと。このときは『おくりびと』[*9]がアカデミー外国語映画賞を受賞した直後の本木雅弘[*10]さんも也哉子さんとご一緒に参加をされ、とても賑やかで和やかな旅だった。このとき僕らのというか主に本木さんたちをアテンドをしてくれたスタッフが「美味しい飲茶を食べたい」という僕たちの期待に応え、店を予約してくれて、みないそいそと出かけた。ところが店の席は個室ではなく、しかもランチセットがすでに注文されており、まあ点心が二、三ついて焼きそばでおしまい、といったようなメニューだった。別に他人のお金で贅沢をしたいわけではまったくないのだが、滅多に集まれないこのメンバーで、しかも香港。恐らくみんなで食事ができるのはこれとあと一回くらい。（これだったら自分で予約すればよかったなあ……）と後悔しはじめていたとき、希林さんが件のスタッフに向かって口火を切った。

「ねぇ……、あなたこれでおしまいなの？」

「はい、セットはこれで。……何か追加しましょうか？」

「そういうことじゃないのよ。わかるでしょう？　このメンバーでこれはないでしょう……」

希林さんは掌で何度もテーブルを叩き出した。そこから延々と何が違うのか、希林さんのお説教が始まる。恐縮しきりのそのスタッフは「ありがとうございます。勉強になりました」と終わりにしようとしたが、希林さんは許さない。

「あなたね、いま勉強してどうすんのよ。これは仕事なんだから。勉強は済ませてからここへいらっしゃい！」

その話を数年後に希林さんにしたら、「えー、私そんなひどいこと言ったの?」と笑っていたけれど。その夜の授賞式後のパーティでも、偉い人が次々と希林さんに挨拶にやってくるのだが、希林さんはその挨拶に一つひとつ切り返す。

「あなた、そのネクタイ、変わった柄ね。どこでお買いになったの?」

昔、希林さんのドラマにスタッフとして現場にいましたと挨拶に来た放送局の重役さんには「へー、覚えてないわ。私、本当にそのドラマ出てた?」。これが「あなた、本当にいた?」では相手が傷つく。「私、出てた?」というところが、希林さんの真骨頂なのだと僕は傍で聞いていてそう思った。


さて。サン・セバスチャンの昼食がたっぷり三時間かけて終わると、もうすぐに晩ご飯だった。指定されたレストランのある隣の港町までバスに乗って四十分ほど。「私はお腹一杯だから見てるだけ」と言いながら希林さんも一緒に店まで来てくれた。しかし、このELKANO《エルカノ》という店で出された魚介の料理が、昼とは打って変わって素材を活かしたシンプルなもので、最初は見ているだけだった希林さんも我慢できなくなって「一口ちょうだい」と隣の席の松崎プロデューサーの皿に手を伸ばしていた。

帰りのバスの中でもしきりに、

「ここは美味しかった……。また来たいわ」

と繰り返され、

「東京の映画祭[*11]もこうやってバスを出して外国のゲストを熱海とか箱根とかに連れてって、美味しい魚とか食べてさぁ、温泉とかつかってくればいいのにねぇ……」

と、しごくまっとうな指摘をされていた。


公式上映へ向かうレッドカーペットを希林さんと腕を組んでふたりで歩いた。沿道の映画ファンに声を掛けられ、サインをし、一緒に写真を撮りながらのんびりと進んでいく。サン・セバスチャンの観客の方々は『歩いても 歩いても』をとても愛してくれており、また河瀬直美監督[*12]の『あん[*13]』がヨーロッパで公開され、各国でどら焼きブームが起きるほど人気だったのとで、希林さんの存在はいまとてもポピュラーなのである。それはわがこと以上に嬉しく誇らしかった。

希林さんの着物姿がスペインの陽射しに美しかった

註

＊1　吉澤太陽
俳優。二〇〇三年、東京都生まれ。一四年、NHK『花子とアン』に出演。一五年公開の『ストレイヤーズ・クロニクル』で映画デビュー。『海よりもまだ深く』の演技で高崎映画祭 最優秀新人男優賞を受賞。

＊2　真木よう子
女優。一九八二年、千葉県生まれ。九八年、仲代達矢主催の「無名塾」に入団。入塾二年目にして公演『どん底』のナターシャ役に抜擢。二〇〇〇年に退団後、映画、テレビで活躍。〇六年公開の西川美和監督作『ゆれる』で山路ふみ子映画賞新人女優賞受賞。代表作に映画『パッチギ！』『ベロニカは死ぬことにした』『東京フレンズ』『モテキ』『さよなら渓谷』『劇場版　MOZU』『孤狼の血』『焼肉ドラゴン』など。是枝作品では『そして父になる』『海よりもまだ深く』に出演。

＊3　池松壮亮
俳優。一九九〇年、福岡県生まれ。劇団四季のミュージカル『ライオン・キング』のヤングシンバ役でデビュー。二〇〇三年、『ラストサムライ』で映画初出演。『鉄人28号』『ぼくたちの家族』『紙の月』『劇場版　MOZU』『永い言い訳』『映画 夜空はいつでも最高密度の青色だ』『斬、』『宮本から君へ』など。是枝作品では『海よりもまだ深く』『万引き家族』に出演。

＊4　『ゴーイング マイ ホーム』
フジテレビで二〇一二年に放送（全十回）。是枝が全話監督・脚本を手掛けた。主演は阿部寛、山口智子。

＊5　吉行和子
女優・エッセイスト・俳人。一九三五年、東京生まれ。兄は作家の吉行淳之介。五五年に映画『由起子』でデビュー。七八年、大島渚監督作『愛の亡霊』に主演し、日本アカデミー賞優秀主演女優賞を受賞。代表作に映画『にあんちゃん』『才女気質』『折り梅』『東京家族』『燦燦《さんさん》』『家族はつらいよシリーズ』『羊と鋼の森』など。

＊6　小林聡美
女優・エッセイスト。一九六五年、東京都生まれ。七九年、TBSの『3年B組金八先生』の生徒役でデビュー。八二年、大林宣彦監督作『転校生』で主演に抜擢。代表作に映画『さびしんぼう』『かもめ食堂』『めがね』『東京オアシス』『犬に名前をつける日』『海よりもまだ深く』など、テレビドラマ『やっぱ

り猫が好きシリーズ』『きらきらひかるシリーズ』『すいか』『ａｎｏｎｅ』『離婚なふたり』など。

＊7　カンヌの映画祭
カンヌ国際映画祭のこと。フランスのカンヌで一九四六年からスタート。ヴェネツィア国際映画祭、ベルリン国際映画祭と並ぶ「世界三大映画祭」のひとつ。毎年五月に開催。

＊8　サン・セバスチャン映画祭
サン・セバスティアン国際映画祭のこと。スペイン北部のサン・セバスティアンで一九五三年からスタート。毎年九月に開催。

＊9　『おくりびと』
滝田洋二郎監督による二〇〇八年公開の映画。本木雅弘自身が青木新門著『納棺夫日記』に感銘を受け、映画化に奔走した。

＊10　本木雅弘
俳優。一九六五年、埼玉県生まれ。八一年、ＴＢＳの『2年B組仙八先生』の生徒役でデビュー。八二年、アイドルグループ「シブがき隊」の一員として歌手デビュー。八八年の解散後、俳優活動を開始。九五年に内田也哉子と結婚し、二男一女をもうける。代表作に映画『ファンシイダンス』『シコふんじゃった。』『魚からダイオキシン!!』『トキワ荘の青春』『おくりびと』『日本のいちばん長い日』『天空の蜂』『永い言い訳』など。

＊11　東京の映画祭
東京国際映画祭のこと。一九八五年からスタートし、毎年十月に開催。是枝は「ヴェネツィア、トロント、釜山と有力な映画祭が続くあとだけに、コンペティションのための作品は集まりにくい。そこに体力を使うよりは作品の多様性を重視して、都市型のトロント（国際映画祭）の方向を目指すべき」という考えがあり、東京国際映画祭のチェアマンに直接会って提言書を渡している。

＊12　河瀬直美
映画監督。一九六九年、奈良県生まれ。大阪写真専門学校卒業後、同校講師を務めながら、8ミリ作品『につつまれ』『かたつもり』を制作し、注目を集める。九七年、『萌の朱雀』でカンヌ国際映画祭カメラ・ドール（新人監督賞）を受賞。二〇一五年、フランス芸術文化勲章シュヴァリエ章を、日本人女性映画監督として初めて受章。同年、『あん』がカンヌ国際映画祭でオープニング上映された。代表作に『殯の森』『2つ目の窓』『光』『パラレルワールド』など。二〇年の東京オリンピック公式記録映画の監督に決定して

いる。

＊13　『あん』
ドリアン助川の同名小説を日・仏・独の合作で映画化。二〇一五年五月公開。どら焼き屋「どら春」の雇われ店長（永瀬正敏）は、求人募集の張り紙を見て働くことを懇願する老女（樹木）に出会い、粒あんづくりを任せてみるが……。樹木は本作で山路ふみ子女優賞、報知映画賞主演女優賞、ヨコハマ映画祭特別大賞など多数受賞した。

第５章

出会いと別れと

2016年３月22日
於・渋谷　樹木希林邸

「食いっぱぐれがないように、手に職をもて」

是枝　お生まれは神田ですよね。

樹木　そう、神田。でも焼け出されて、青梅街道の鍋屋横丁[*1]のバラックがいっぱい並んでいるところの一軒にいて、そこから今度池袋に行ったわけ。池袋で母親が商売を始めたんだけど、いまひとつパッとせず、今度は横浜に店を出して。縁があったんだね、小さな店だったんだけど大きくなっちゃって、それからずっと両親はそこを本拠地にした。

是枝　神田のときは？　お父さんは警察官だったと読んだことがあるんですけど。

樹木　そう。母親が神田でカフェをやっていて、父親はその界隈を見回っている警察官だった。それが縁で結婚したわけ。

是枝　そのカフェの名前が「東宝」。

樹木　でも東宝映画とは関係ないの。神田というのは、銀座に比べれば言ってみれば二流の遊び場だった。学生でお金がある人が多かったんじゃないかな。のちに有名になった作詞家や文士、絵描きとか、そういう人が出入りするカフェではあったけれど、一流の場所ではないのよね。

是枝　神田のお店のことは覚えていますか？

樹木　覚えてない。写真だけ。

是枝　そこにいたのはいくつまで？

樹木　生まれてすぐに戦争だったでしょう。昭和十八年の一月に生まれてすぐ焼け出されたから、二年ぐらいじゃないかな。

是枝　じゃあ、記憶はないですね。

樹木　そう、疎開しちゃってね。戦後は池袋。雑司が谷寄りに人世坐[*2]という映画館があって、アバンギャルド[*3]なんて言っていた時代ね。最初に観た映画は『カルメン故郷に帰る』[*4]。父親と一緒に大きな長靴を履いていって、ちっちゃくなってタダで入るわけ。そういうことばっかりやっていた。今井正[*5]さんの『どっこい生きてる』[*6]なんていうのも観た。面白くもなんともない、暗ーい映画。雨が漏るような映画館なのよ。そこにみんな新聞紙を敷いて膝を抱えて観てさ。ああいうものをみんな観ていたんだよね。

是枝　『カルメン故郷に帰る』は日本初の国産カラー映画ですよね。高峰秀子さん[*7]がストリッパーのヒロインを演じた。

樹木　父親も内容なんて知らずに入ったんじゃないの？（笑）

是枝　池袋のお店は何という名前でした？

樹木　小さい天ぷら屋で、母親が中谷清子という名前だったから「中清」って。浅草に有名な中清という天ぷら屋があるんだけど、そことはまったく関係ないのよ。あんな雑司が谷で天ぷら屋をやっても、そんな食うや食わずの時代に人が天ぷらを食べにくるかねえ……でもやってたね。

是枝　そのころ、お父さんはまだ警察官をやっていたんですか。

樹木　いや、なんかしら働いていたんだろうと思うけど、やっぱりやり手の女のそばにいると、男の人は仕事しなくなっちゃうんじゃない？（笑）なんとなくいつも琵琶を弾いて、友達を呼んでは琵琶を弾いてという感じで。ただ、お酒飲む人じゃなかったから、家計をひっくり返すようなことはなかったけど。

是枝　琵琶は警察官になる前から弾いていたんですか。

樹木　あのころはわりかし琵琶が流行っていたのよね。浄瑠璃とか三味線とかいっぱいある楽器の中のひとつに琵琶があった。

是枝　子どものころから琵琶には馴染みがあった？

樹木　父親が琵琶を弾くし、母親も先生に来てもらって曲がりなりにも三味線弾いたりしていたから、和楽器には耳慣れていたわね。

是枝　希林さんは琵琶や三味線を弾いたりする役が多いですよね。

樹木　そんなに多くはないよ。『夢千代日記』の貝殻節ぐらい。『はなれ瞽女《ごぜ》おりん』[*8]もあったわね。でも女優はみんな弾いているのよ。わりかし形になりやすいから。門前の小僧[*9]で、小さいころに見ていたからというのはあるかもしれない。

是枝　当時はどういう子どもだったんですか。

樹木　小さいころは自閉症で、ずっと黙っていたのよ。小学五年生ぐらいまでずっと懐《ふところ》手《で》してさ、教室の後ろのほうから見て「ふん！」なんて言っていた（笑）。

是枝　どうして自閉症に？

樹木　四歳ぐらいのときに布団に乗っかって遊んでいるうちに、中二階からドーンと下に落っこちちゃって、そのまま布団の下敷きになって。息ができなくて、親が飛んできて布団をワッとどかしたときに、グワッと息を吹き返したんだけど、その夜からずっとオネショするようになっちゃって。どこか打ちどころが悪かったんじゃないかな。それから喋らなくなった。誰とも喋らないで、とにかくどこか狭いところに入って、じーっとしているという感じだったの。

是枝　学校は？

樹木　幼稚園に行かされたのね。母親が働いていたから。父親が乳母車に乗せて幼稚園に行くの。乳母車に乗っけないと私が嫌がるから。それで幼稚園に着くと人が集まってくるから、恥ずかしくて乳母車から降りて、父親に「帰んな」とひと言言うの。嫌なヤツなのよ(笑)。ずーっと喋らなかったわね。だから私のことを知っている近所の人たちは、私が女優になったとき、「嘘だろう？　声も聞いたことない」と噂してたって。

是枝　喋れるようになったきっかけはあるんですか？

樹木　背骨の何かが狂っているらしいから針を打ってくれと、母親が鍼灸師を連れてきて、週に一回とか定期的にトントン打って。そのうち、小学四、五年生になって治ったんじゃないかなあ。同時に少し快活になってきてね……。うちは怒られたことがないんですよ。小学二年生ぐらいのときに、ビニールが売りに出て、それを巻いて持って人の家に泊まりにいくんです。オネショしちゃうから。そんな生活だったけれど、怒られたことはないの。

是枝　お父さんのお名前は？

樹木　[*10]中谷襄水《じょうすい》。琵琶の名前なんだけど、それを本名にしちゃったの。琵琶には水号という名前があって、みんな「水」をつけるんですよ。

是枝　どんなお父さんだったんですか？

樹木　父親はずっと[*11]（チャールズ・）チャップリンが好きだった。あのころはみんなチャップリンが好きなのよ。それで、森繁さんのことは「アタシはね、森繁久彌は嫌いだな」って（笑）。だから森繁さん主演の『七人の孫』に出るようになったとき、親に絶対言わなかった。父親に「なんか、お前に似た人がテレビに出てるっていうけど……」と言われても、「いや、出てないよ。出てない！」って（笑）。終いにはバレたけど。それぐらい『七人の孫』がヒットしちゃったから。

是枝　希林さんがお芝居の道に進んだのは、スキーに行って怪我をしたのがきっかけとお聞きしましたが。

樹木　それは女学校を卒業するちょっと前、進路を決めなきゃならないときに、父親が琵琶のお友達のところへ遊びにいくというから、一緒に付いていっちゃって、そこで怪我したんです。

是枝　それまでは何になろうとしていたんですか？

樹木　父親が、私の素質はまったくわからないけれど、「お前はね、結婚しても夫と上手くやっていけるかどうかわからないから、食いっぱぐれがないように手に職をもて。薬剤師ぐらいならお父さんが店を出してやれるから」と。それでよくわからないまま薬科大学に行くべく願書を集めたわけ。三カ所ぐらい。でも、数学がまったくわからなくて、これはもう受からないと思って、試験の前の月に父親に付いて遊びにいっちゃった。そうしたらいい塩梅に怪我したのよ（笑）。その後も何も進むべき方向が見当たらなくて。周りのみんなは進路が決まっていて、三月の終わりには卒業式もあって華やかじゃない？　でも私は何も決まってなくて、辛い時期だった。いまの若い人たちを見ていても、自分だけが取り残されるというのは本当に辛いだろうなと思う。そのときに「戦後、三大劇団が初めて研究生を募集」という小さな記事が新聞に掲載されて、順番に早いところから願書を出したんです。

是枝　どこでもよかった？

樹木　どこでもいいの。そんなのわからないんだもの。願書を出したら、文学座が一番早かった。だから、あとはもういいかあって。

是枝　文学座と俳優座[12]と……。

樹木　劇団民藝[13]。あのころ、映画の世界に進む人は器量がよければ頭が弱くてもいいという感じだったから、舞台のほうがいいかなあと。舞台の世界はみんなもよく知らないし、いいんじゃないかとつい思っちゃった。どっちみち映画のニューフェイスなんて受かりっこなかったんだけどさ。でも、舞台のほうに行ったら行ったで、こんなに大変なんだと思って。毎日台詞を覚えて、でもそれがどうしたという感じで、ちっとも魅力を感じなくて。だからCMの話が来たとき、すぐに「やります！」と。それでテレビのほうへ行くんです。

芸能人としての立ち位置を測る

是枝　文学座からテレビの世界へ進むときに、最初にCMがあったというのが希林さんならではだと思います。

樹木　私は自分が役者だというより、むしろ、芸能界にいるという意識のほうが強いの。

芸能人でいる意識のほうが強い。役者としてその役で出ていくんだけど、「私の立ち位置は芸能人として、いま、どの辺りにどういう感じでいるのかな？」と思うから、それをひっくり返そう、お客の期待を思いがけない方向にもっていこうとする。半分はしくじるんですけど（笑）。そういう位置から自分を見ているのが面白いの。だからどういう役かということもさることながら、「二〇一六年にこの人がこの役をやるのはどうかな？」と見ていくほうが面白い。私の場合は何十年経ってから観ても何かが残るというタイプの役者じゃないから。まあ、それも監督によりますけどね。役者はみんな役づくりをするんだけど、私の場合はそこにもうひとつ、「世の中はもうこういうものに飽きているな」「観たくなくなっているな」「こういうものを欲しがっているな」とか、そういうことをなんとなく感じるタイプなのよ。

是枝　それは誰に近いですか？　森繁さん？

樹木　役者ではあんまり見たことないですね。森繁さんはあれでわりと芝居が好き。舞台で何度も『屋根の上のヴァイオリン弾き』[*14]をやって、何度も喝采を受けて……。そういう欲が私にはぜんぜんない。だから森繁さんじゃないわね。みんな世の中での立ち位置なんて考えて役者をやっていないわよ。純にやるから。

昔は一に舞台俳優、二に映画俳優、テレビは三流の役者が出るところ、四番目のCMなんていうものは「役者の芸が荒れる。こういうものに出る役者はとんでもない」と言われる時代だった。私の場合はそういう時代から率先してCMに出ていった。

是枝　それは……希林さんの性質ですか。

樹木　そうね。前に話したかな。一番初めに出たCM。私が文学座のその他大勢のころ、それこそ通行人1とか舞台袖で呼ぶ声、楽屋当番なんかをやっている下っぱのころに、文学座にローカルのCMの話が来たの。お醤油の、有名な店ではなくて、聞いたこともないようなお醤油屋の、三カ月ほど限定のCM。文学座では「CMなんて四流の役者がやることだから」とみんなが絶対断るわけ。私はちょうど『七人の孫』で森繁さんとテレビに出始めたころで、「テレビに出ているんだからこの人でもいいか」ということで、私のところに話が来た。それですぐに「やります！」と即答したわけ。

それで友人だった詩人の[*15]長田《おさだ》弘に「こんなCMの話が来ちゃって」と話したら、「それいいなあ！　〃お醤油は○○醤油〃って言うんだろ？　〃しょうゆうこと〃なんてどうかなあ？」なんて言うわけよ（笑）。詩人というのはそんなつまらないことも言うのかと。でも、撮影現場でお醤油を持って言ってみたの。「お醤油は、○○醤油。しょうゆうこと」

って。そうしたら採用されて、東海ローカルのたった十五秒のCMが、全国区の週刊誌『サンデー毎日』の「今年度のCMワースト10」で三位に入ったのよ。

是枝　ワーストなんですか（笑）。

樹木　そう。一位、二位は全国区のCMなの。ローカルCMなんて誰も観ていないと思っていたけど、なるほど、これだけ影響力があるんだなと。それが、私が世の中にひたひたっと入っていく面白味を感じた最初だったの。芸能界って面白いなと。私は役者として生きるよりも、芸能界に生きるほうが好きなんだね。一番嫌なところなんだけど、この芸能界にいながらにして、いろんな人を見ていく。面白いのよ。芸能をやろうなんていう人にはいろんな人がいて。あなたみたいな立派な人はなかなか少なくてね（笑）。

是枝　「芸能人」という言葉をいまの希林さんみたいに使った人が、僕の知っている限りひとりだけいます。タイプはちょっと違いますが、萩本欽一[*16]さん。一度お話しする機会があって、「芸能界」「芸能人」というのを「芸人」と分けて使っていました。

樹木　そう。私、いまでも芸能界というのは面白い世界だなと思っているんです。

是枝　舞台の役者至上主義じゃないところが、たぶん希林さんがいろんなものに柔軟に対応できる秘訣なんでしょうね。演技だけでなく、バラエティ番組とか、映画の授賞式での極上の皮肉とか……。反射神経がいいなといつも感じるんですけど。

樹木　いや、ずいぶんドジるのよ（笑）。ドジるんだけど、ドジるのも芸能界。そういうくくりなの。ただシーンと静かにしていて粗相がないというのは芸能界ではない。コケるのもドジるのも含めて、「遊びをせんとや生まれけむ」[*17]というような。良い思いもするし、嫌な思いもする。でもそういう世界なんだと思うと、嫌な場所ではなくなってきたんです。もともとそういう世界が嫌いではなかったということに、ある時点までは気がつかなかったんだけど。

是枝　嫌いな時期もあったんですか。

樹木　年中ワイドショーが追っかけてきて、辛辣に喧嘩して、嫌だなと思った時期もあった。マスコミには絶対コメントしないし、絶対に出ていかないって。でも、うちの夫がある日言ったの。「お前な、相手は新聞社とか肩書きじゃないんだよ。人間だぞ、そこに来る人は。みんな個人なんだ。それをもう少しよく考えろ」と。

是枝　すごいなあ。

樹木　なんのことはない、私のほうも好きだったのよ、そういう世界が。だから後半の人生はすごく面白くなってきた。自分がいる位置と、年齢的に人が大事にしてくれる時期とが重なって居心地がいいんです。これでどこまで行けるか。ある日穴が掘られてズドンと落ちたりするかなとも思っているんだけど(笑)。そういうタイプの人間なんですよ。

是枝　夜中に自宅前で待っているワイドショーの人たちを「寒いでしょう」と中に入れて、「どうぞなんでも聞いて」と言ってくれる、と読んだことがあるんですが。

樹木　夜中じゃないけどね。近所迷惑なのよ。それとその人たちもアテがあるんならいいけど、アテがなくてずっと待っているのも大変だろうなと思うから。「彼らも人間だ」と。これは内田裕也の功績ですね。

是枝　CMの話に戻りますが、富士フイルムの「美しい人はより美しく、そうでない人はそれなりに……」というコピーは、希林さんが考えたそうですね。

樹木　いや、もともと川崎徹[*18]さんが考えたコピーがあったのよ。「フジカラープリントは、美しい人は美しく、美しくない人も美しく写ります」というコピーだったの。それで私が川崎さんに「美しくない人が美しく写るフィルムってどんなですか?」と尋ねたら返答に困られてね。あと「美しくない人」という言い方はなんだか寂しいじゃない? 私は美しくない側の人だから、「そうでない人は」にしようと提案したの。だとすると「それなりに写ります」のほうが本当かなということで、川崎さんとふたりで「そうだそうだ」となったんです。

是枝　秀逸な言い回しですね。

樹木　「そこに嘘があるな」と。その私の想いがいつもバロメーターかな。食べ物を「美味しい」というのも「何に比べて？」と常に思うから。褒め言葉とかにはわりと気をつけているんですよ。

是枝　その感覚は映画をやるときも同じですね。

樹木　そうですね。つくり手としてそれを忘れちゃったら、お客がうんざりしちゃうから。

是枝　久世光彦さんとも、一旦離れたあと、ずいぶん経ってからコマーシャルの仕事をされていますね。

樹木　うん、「東京電話」ね。広告会社のマッキャンエリクソンのディレクターがどうしても私を撮りたいから出てくれないかと言ってきて、そのときに私が出した条件が「久世さんとだったら出ます」だった。そうしたらみんなも出ると。加藤治子さんも「久世ちゃんなら」と言ってね。

是枝　久世さんとはその前にもコマーシャルをずいぶんやっていますか？

樹木　やった。聞いてもわかんないと思うけどね、高山晃一開発という会社のＣＭとか。

ちょうど『寺内貫太郎一家』で私の婆さん役がヒットしているころだったから、CMでも私が婆さんでね。スタッフに恐山みたいなセットをつくってもらって、そこに「高山晃一開発」と書いた赤いのぼりをいっぱいつけて。その真ん中で私が琵琶を弾くの。「あるときは高山晃一開発、またあるときは高山晃一開発、何が何でも〜ベベン、高山晃一開発〜ベベン！」でバシャッと終わるのよ（笑）。

是枝　（笑）それはテレビで流れたんですか？

樹木　流れた。ちょっとだけだけど。そしたらそこの社長が久世さんのところへ怒ってやってきたわけ。「なんだあの下品なCMは？　とみんなに言われた。どうしてくれるんだ！」って。ところが今度は一週間も経たないうちに、『週刊朝日』で「あんなに面白いCMはない」とCMの批評欄に写真入りで出たわけ。社長もコロッと機嫌がよくなってね。でもね、久世さんとやったものはぜんぶポシャるの。

是枝　コマーシャルがですか？

樹木　うん。ある日、森繁さんと研ナオコ[*19]と私とでキャベジンのCMをやることになって。「胃が悪いんだけどキャベジン飲んだほうがいいだろうか？」と私が言って、森繁さんが「そりゃ飲まないよりは飲んだほうがいいだろう」と応える、それだけの十五秒。それを地方の方言でやるの。私は胃が悪いのを表現するのに一番いい食べ物を考えて、「ニラレバ炒めとぼた餅食べたんだけど、キャベジン飲んだほうがいいべが？」と言うと、森繁さんが「そりゃ飲まないより飲んだほうがいいべ」と言って終わる。それをふたりでベンチに座ってやるんだけど、ニラレバのあたりで十一秒ぐらいいっちゃうのよ。それで久世さんが「悪いけど森繁さん、もうちょっと速く喋ってくれ」と言うと、森繁さんが「だって、あーたね、この人のほうが台詞が長いじゃない！」って（笑）。それでも久世さんは怯まず私に「『ニラレバ炒めとぼた餅食べたんだけど』のあとに一度ゲップしてくれ」と。秒数がないというのにね。そして森繁さんには「臭そうにして避けてください」って。

そんなこんなですごくおかしいＣＭができたわけ。でも十回くらい放送したら薬事法に引っかかっちゃって。「飲まないより飲んだほうがいい」なんていういい加減な薬の売り方をしてはいけないということで、ボツになった。でもそのＣＭ、覚えている人がずいぶんいるのよ。やっぱり久世さんはその時代の何かをキュッと撮るのは上手かったんじゃないかと思うね。

是枝　新しい宣伝文句だったと思うけど。この間、金鳥の虫コナーズのＣＭを演出したんだけど、キャッチコピーが「ぶら下げないよりだいぶいい」でしたよ。似てますよね（笑）。

樹木　ふふふ。でもそれは飲むものじゃないから、薬事法は関係ないんじゃない？　まあ、そんなわけで久世さんと一緒にやるとぜんぶポシャった。私が発想するものをすべて採用してくれるからね。あと、久世さん、ＣＭに乗り気じゃないの。東京電話のときも遅刻したり、現場でもほとんど寝ていて。

是枝　それはなぜ？

樹木　疲れちゃって。コレ（小指）のほうが忙しくて。

是枝　（笑）最初にコマーシャルで希林さんがドーンと出たのは、富士フイルムが最初ですか？　それともピップエレキバン？

樹木　富士フイルムが先。ピップエレキバンは別にヒットしたというものでもないわね。いつ撮っても同じなの。「ピップエレキバン！」とね。面白くても面白くなくても「ピップエレキバン！」。ずっとこのまんまなの。

是枝　そのころはどういう基準でコマーシャルを選んでいたんですか。例えば、川崎徹さんだからやってみようとか？

樹木　そういうことは知らなかったですね。監督の名前も作品も知らないで、常に行き当たりばったり。「はい、いいですよ」と言って出ていた。

是枝　でも富士フイルムがこれだけ続いたのは、やはり何かが面白かったからでしょう？当時はコマーシャルでの希林さんが面白くて、お茶の間で人気者になった時期だったと思います。コマーシャル・ディレクターとかコピーライターという職種に若者が憧れを持ち始めた時代だった。

樹木　コマーシャルの位置がどんどん上がってきたころですよね。それまでは一番底辺のところにいたのが、ただ商品が映ったり誰かが宣伝文句を口にするのだったりが、十五秒の世界で人間が動き始めた。

是枝　優れたつくり手も出始めた。

樹木　そうそう。いろんな人が出てきた。

是枝　希林さんのある種のフットワークの軽さがコマーシャルにマッチしたのかな。自分ではどのように捉えていますか。

樹木　あんまりそういうのはないね。金勘定でいくと率がいいなという、それだけ（笑）。婆さんになったからこんなこと言える……いや、昔から言っていたけど。私にとってはこの芸能界でＣＭがあったというのは、すごくありがたかった。面白かったですね。だからといって本気で付き合っていたかというと、そうでもないんだけど。

是枝　視聴者からすると、その遊んでいる感じがよかったのかもしれない。

樹木　そうかもね。でもそんなに大した仕事はしてないなあ、ＣＭでは。

森繁久彌に負けないように、考えた

是枝　久世さんが聞き書きしている森繁さんの『大遺言書』[*20]という本で、『七人の孫』で希林さんと初めて出会ったシーンのことが書いてあるんだけど、覚えていますか？　屋台のおでん屋のシーンのこと。

樹木　うん。あれは森繁さんが「家の中ばっかりだけだとアレだから、ちょっと飲みにいく場所をつくってくれ」と言ってつくったシーンなの。森繁さんは大会社の社長なんだけど、「近所にあるおでん屋にしてくれ」と。そこに女中の私が迎えにきて、ズンと引っ張って連れていくというシーン。

当時、赤坂には屋台のおでん屋がいたから、久世さんが頼んで連れてきた。それを森繁さんが——そこが森繁さんの優れているところなんだけど、「道をちょっと斜めにしてくれ」と言うわけ。急な坂ではなくて、ちょっとした坂におでん屋がある感じにしたいと。おでん屋には縁台みたいな長い椅子があって、何人かお客が座って飲んでいる。だけど道が斜めだから、お客がだんだんと片方にずっちゃう（ずれていっちゃう）。だからそのおでん屋のことをみんなが「ずっちゃう」と呼ぶ。屋号は別にあるんだけど。「ご隠居はどこ行った？」「ずっちゃう、行ってんじゃねえか？」みたいに（笑）。久世さんとふたりですごい発想だよねって話したの。使い捨てカメラを「写ルンです」と呼ぶのと同じ発想ね。そういうことを、森繁さんはうんと前から発想していた。椅子だってもともとは繋がってなかったと思うの。それを縁台みたいに繋がった長椅子にしちゃって。なんでもないんだけど、そういうシチュエーションをパッとつくっちゃう森繁さんはすごいなと。

是枝　そのとき、希林さんは「ご隠居さん、もう遅いから帰りましょう」という台詞を、どことも知れぬ地方訛りで喋ったんですよね。

樹木　そうそう。

是枝　どこの訛りだったんですか。

樹木　私は神田の生まれだから方言はどこもできないのよね。しょうがないから「ごいんぎょさん、むげにぎますた」と言った。そのころは東北のほうから来ている女中さんが多くてね。口をあんまり開かないから、はっきり言わないのよ。

是枝 そこから女中さんの出番が膨らんだ。

樹木 そう。台本に書いてなくても、ご隠居のそばには女中がいるということになった。どこのシーンでも女中が出てくるから、私は割を食っちゃったのよ。

是枝 ギャラが一緒なのにね（笑）。仕事だけ増えちゃった。

樹木 でも、あのときに森繁さんから人間のおかしさみたいなものを教わったわね。屋台を連れてくるという発想はあっても、それが坂にあってちょっと傾いているという発想はなかなか出ない。この人はすごいなと思った。

是枝 森繁さんのそういう発案は毎日のようにあったんですか。

樹木 随所にあるのよ。私はそれに対抗するためにいろいろ発想してやったんだけど、事前に森繁さんに「こうしましょう」なんて言わずに、リハーサルでいきなり動いてやってみせるの。そうすると森繁さんがクックッと笑うの。それで「あ、大丈夫だな」と。

是枝 そのとき、希林さんはまだ二十歳ぐらいですよね。

樹木 そう。例えば、小津さんの映画の現場はシーンとしていて誰も足音とか物音を立てないでしょう。それと同じように、森繁さんが来たときのスタジオもシーンとしているわけ。森繁さんというすごい人に来ていただいた、という場所だから。森繁さん中心で世の中が回っている。周りもそう扱っていたし、自分でもそう自覚していた。でも、私はペーペーの癖にそんなこと気にしない。だから私が何かちょっと台本にないことをやると、みんなサッと森繁さんの顔を見るの。森繁さんがそれに応えればホッとするという。とにかく森繁さんが中心だから。

ギャラも私が一話あたり一万円。森繁さんは百二十万円。一万円と百二十万円の役者の違いがあったわけ。そういう時代だったけど、私は女中が必要だから来てくれと請われて出ていっただけだし、いつ役者を辞めてもいいと思っていたから、森繁さんのことを特別に評価してはいなかった。負けないように考えようというぐらいの意識があったぐらい。いまはつくづくすごい人物だったなと思う。あんな役者にはなかなか出会わないわよね。

是枝　森繁さんは若くして老け役をやっていますが、希林さんが『寺内貫太郎一家』で老け役をやってみようと思ったのは、その影響もありますか。

樹木　いや、ない。あとで聞いたら、森繁さんは四十九歳の時に八十歳過ぎのご隠居の役をやったと。私は三十歳ぐらいで、別に何の役でもよかったんだけど、婆さんなら動かなくていいやと思って（笑）。

是枝　でも意外と動く婆さんだった（笑）。

樹木　動いた動いた。久世さんって面白いなと思ったことがあってね。跳ね橋を使った芝居があったんです。跳ね橋が下りていると思って私が渡っていくと、実際は上がっていて、途中でストンと落ちてしまうという芝居。普通はタタタッと行ってストンと落ちるんだけど、久世さんが「落ちる瞬間に泳いでくれない？」と言う。「そんなはずじゃなかった」という想いを一瞬でいいから身体を泳がせることでやってくれと。久世さんはそういうリアルな注文を出すわけ。よくそういうことがありました。

是枝　これも久世さんが書いているんですが、『七人の孫』の希林さんが見合いに行くシーンで、森繁さんが急に「女中の襟足を剃る」と言い出したとか。

樹木　そう、急に「剃刀を持ってこい！」と言って。

是枝　リハーサルで？

樹木　本番前。だってリハーサルなんてないもの。

是枝　いきなりの思いつきなんですね。

樹木　剃るのを縁側でやろうというのもそうだけど、ディレクターが発想するよりも絶対に早いからね。縁側の陽射しの中で女中の襟足をシャッシャッと。

是枝　その見合い相手が渥美清さんだった。

樹木　森繁さんが「渥美清っていうのがいるから」と連れてきたんです。

是枝　渥美さんが売れっ子になる前ですよね？

樹木　『夢であいましょう』[*21]で出てきたころね。名刺に自分の顔を描いて配って歩いてたな。

是枝　森繁さんがどこかで見かけた人を自分の番組に引っ張ってくるというのは、希林さんもそのひとりでしょうけど、結構多かったんですか？

樹木　コレ（小指）を引っ張ってくることも多かったしね（笑）。コレのときが一番面白いの。もうソワソワしちゃって。男って面白いなと思うんだけど。可愛らしいっていうか。またそういう子に限って芝居がよくない。

是枝　（笑）そこは好みに引きずられちゃうんですね。

樹木　そうそう。だから面白いなって。いつだったか、私が「コレの趣味はあまりよくなかったわね」と言ったら、森繁さんが「いや、実はすごいのがいたんだよ」って。「アタシの男ぶりで負けたんじゃないんだ。金で負けたんだ」と。森繁さんが金で負けるような人って誰かなと思ったら、「うーん……田中角栄[22]」って（笑）。

是枝　ホント？

樹木　うん、直接聞いたから。「男ぶりで負けたんじゃないんだ」と言い張り、「あれはいいオンナだった」と自慢していた。もう可愛らしいったらありゃしない。

是枝　森繁さんが亡くなる直前までご飯を食べたりしていたそうですね。

樹木　東京會舘とかでね。

是枝　森繁さんに呼ばれて？

樹木　うん。久世さんと私が舌禍[23]事件で仕事をしなくなったとき、一番気を揉んでいたのが森繁さんなの。「あーたね、なんとかならないの？　もうそろそろ一緒にやったらどう？」と。それが森繁さんから最後にいただいた言葉だった。本当に森繁さんにはいろんなことを教わりました。私だけじゃない。当時森繁さんのところに出入りしていた、共演していた人たち全員教わっているんですよ。

こうして話しているといろいろ思い出すわねえ……。久世さんのお葬式でさ、森繁さんが「久世ちゃん、あーた、何も慌てて逝かなくたって」と言ったのよ。死ぬときに「慌てて逝く」って言うのは、やっぱりあの人らしい言葉だわね。

是枝　森繁さん独特のね。

樹木　名台詞があるのよ。「まだ若いのに。私が代わってやりたかった」という……。久世さんに「上手いこと言うよね」と言ったら、「いやいや、そのあとがあるんだよ。『神はむごいことをなさる』と、ここまでが決まりなんだ」って。でも、久世さんのときは「慌てて逝く」になっちゃった（笑）。

是枝　鴨下信一[*24]さんの本に書いてあったと思うんだけど、森繁さんが小津（安二郎）さんの映画に出てさんざんな目に遭ったって。森繁さん本人から聞いたことありますか。

樹木　へえ！　いや、ないね。何に出たの？

是枝　『小早川家の秋[*25]』。なぜオファーしたんでしょうね？　合わないのはわかっているじゃない。森繁さんは〝やる人〟で、小津さんは〝やらせない人〟だから。

樹木　確かに笠（智衆）さんみたいにやらない佇まいというのができないよね。私と一緒で、そこにあるものぜんぶいじったりしちゃうからさ。「何にもしないでください」とか言われたんじゃないかな。

是枝　小津さんに「お上手ですね」と言われたと書いてありました。

樹木　お上手ですね、かあ……。頭来ちゃうねえ。もしかしたら私の前でも愚痴をひとつぐらい言ったかもしれないわね。

ここで僕が触れた萩本欽一さんの「芸能界」の捉え方と、希林さんの語る「芸能界」というものとはやや違うということに今回このインタビューを読み直して気付いたのだが、反省を込めてそのまま収録することにした。

インタビューの中で僕が触れた萩本欽一さんが使っていた言葉は、厳密には「テレビ芸」という言い方だった。

彼は浅草出身の芸人で、テレビというメディアのオリジナリティを考えたときにそこで繰り広げられるべきは舞台と同じプロの芸ではなく、「素人」が間を外したりスべったりすることで起きる「笑い」であると考え、それを「テレビ芸」と名付け、多くの（テレビ業界の）プロフェッショナルが軽蔑する中で、そのテレビの素人性をこよなく愛そうとした人だった。その態度は、恐らく演劇人がみな敬遠していたときにテレビドラマやコマーシャルに自ら積極的に出演しようとした希林さんの姿勢と、どこかで通じるものがあったのではないかと思う。

久世光彦とテレビで遊んだ時代

是枝　久世さんとの仕事で一番よかったものはどれですか？

樹木　どの番組のどのシーンってひとつずつは出せないけれど、「これはうまくいった」というのは多々ある。お互いに「こうやってみない？」と言いながらつくっていって、成功した瞬間というのがね。だけど、久世さんが晩年に『向田邦子新春シリーズ』をつくったとき、あるいは向田さんがいい脚本を書くようになってからは、私はぜんぜんお呼びでないわけ。危ない仕事ばっかり呼ばれるのよ。

是枝　当時、久世さんはたぶん、希林さんと一緒に遊んでいたんだよね。『時間ですよ』『寺内貫太郎一家』『ムー』『ムー一族』なんかを僕ら子どもが観ていて面白かったのは、大人が本気で遊んでいる感じがしたから。そのことにワクワクしたんです。

樹木　遊んでたね。面白がってね。

是枝　それが〝テレビ〟だったんだと思うんです。「代表作がこれで、芸術性がどうの……」ということではなくて、〝テレビ〟だったということ。

樹木　そう、テレビじゃなければできないものだった。

是枝　一ファンとして久世さん、向田さん、希林さんの三人の作品を観続けてきた人間からすると、当時一緒になって遊んでいた三人には不思議な因縁があると感じていて。向田さんはがんになられてシリアスなほうにシフトします。久世さんは向田さんを亡くしたあと、それまで遊んでいたテレビからやや離れて、『向田邦子新春シリーズ』など作品主義的になっていく。

樹木　もともとやりたかったところにね。

是枝　希林さんも久世さんと離れたあと、がんを患われて、それまで主役として作品を背負うことをたぶん意識的に避けられていたところを『東京タワー　～オカンとボクと、時々、オトン～』で一気に踏み込んだ。自分が作品を支えていく側に回る覚悟をもたれた。三人それぞれが自分のキャリアを更新させていくタイミングが、ズレながらも重なっている感じがするんです。

樹木　言われてみれば、実にその通りだわね……。シリアスな土台とか資質はみんなもっていたのよ。ただ三人でいるときにそれを誰かがもち出すと「ちょっと真面目になるのはやめようよ」となる。遊ぼう、遊ぼうとしてきた。でも、向田さんののちの小説の中のおかしさというのは、あの時代があったからだろうなと。あのなんとも言えない人間のおかしさというのは、遊んでいる間に培われたものだと思うんです。

『時間ですよ』のときにこんなことがあったの。堺正章さんがザ・スパイダース[*26]のときに一番年下だったんだって。旅公演の宿泊先で食事するじゃない。女中さんがいなくなっちゃうと、「マチャアキ、飯よそってくれ」とみんなにいつも言われるわけ。でもお櫃のところへ行ってよそってまた持っていくのが面倒だから、ご飯だけポーンと投げるんだって。それを『時間ですよ』でやれないかということになった。最初はご飯をよそう人と、受け取る人をスイッチングで見せたんだけど、久世さんが「ダメ！　もっと（カメラを）引いて！（ワンカットで）ご飯が飛ぶのを見せて！」って。セットの天井はそんなに高くないから、もうギリギリ。茶碗で受け取る私に対しても、「（飛んでくるご飯を）見ないで！」と言うのよ。それで新聞か何かを読みながら受け取るような芝居にしてさ。そういうおかしさを引き出すのは、久世さんは上手かったわね。

是枝　観ている側としても記憶に残ります。

樹木　一番面白いのは、役者の気持ちが付いてきたときのものなの。形だけでやるんじゃダメ。ご飯をよそって、私は新聞を読んでいてという、当たり前の日常の中でやる。ただ見せるだけならサーカスになっちゃうんだけど、とんでもないことが日常茶飯の中にある、という。そういうものを探しに探しました。

是枝　希林さんがいま、映画の現場でやっていることと変わらないですね。

樹木　そうだね。気持ちが付いていっていなければ、どんなにやっても面白くないのね。でも、そうやって何かアイデアが浮かぶといいけど、浮かばないときは久世さんも手ぬぐいを頭に乗せて、「はあ……、こんなときはどうしたらいいんだ……。そうだ、ウルトラマンを呼ぼう！」って（笑）。

是枝　実際に呼んじゃったんですよね。

樹木　困った挙句にね。しかも私たちの出演料は一回三万円ぐらいなんだけど、ウルトラマンの着ぐるみなんて五万円ぐらいするわけ。「高いなあ……。そいじゃ来週のも撮っちゃおうか」と言って本当に撮る。

是枝　着ぐるみがぶかぶかだったのが印象に残っています。

樹木　普段ウルトラマンに入っている人はみんな百八十センチ以上なのよ。でも堺さんはそんなに大きくないからたるんでるの。しかもガニ股（笑）。久世さんがそれ（ウルトラマン）を思いついたとき、誰も笑わないのよ。「よし、それでいこう」って、真剣に面白いものをやった時代でしたね。すごい勢いで、わけわからないままに突っ走っちゃった。あの時代に生きていたというのは、いま思うと大変な収穫ですね。

是枝　僕は『寺内貫太郎一家』の第一シリーズの最終回が好きなんです。娘の静江（梶芽衣子）[*28]がお嫁に行く。貫太郎（小林亜星）が願を掛けていたといって石屋を辞めると言い出す。すると娘がお嫁に行かないと言い出す。向田さんがよく書いている「相手の気持ちを慮って動く」ということがテーマになった、見事な最終回だと思った。周平（西城秀樹）[*29]が寝坊して、ミヨコ（浅田美代子）[*30]が「周ちゃん起こしてこよう」と言って立とうとすると、静江が「私が起こすわ、最後だから」と言って、「周ちゃん、いつまで寝てんのよ」と起こしにいく。いつもの寺内家の台詞なんだけど、姉が弟を起こしにいくのはその朝が最後。そのことがわかった夫婦（小林亜星と加藤治子）が、まったく身動きせずに娘の遠ざかる声を聞いている。そのカットが素晴らしいんです。

樹木　なるほどね。そういうのを平気でどんどんつくっていたんだね。

是枝　笑いに満ちた物語の中で、一瞬すごく本格的な瞬間がポーンと入ってくる。久世さんのドラマはそこが素晴らしい。

樹木　そういうキレのいい時があったわね。

是枝　その夫婦のカットだけど、半秒とか一秒カット尻が長いんです。役者も娘の声を「聞いている」という芝居をちゃんとしていて。

樹木　やっぱり人間の気持ちというのをちゃんと摑んでいたのよ。いい時期はね。

是枝　あのドラマは、いろんな機微がふとしたところで出てくる。例えば、息子が母親を想って夜中に手袋の先っちょをちょっと切っているとか、そういうちょっとしたところで。

樹木　そうそう。久世さん含め、一心同体という芝居づくりの面白さを共有したわね。

是枝　『寺内貫太郎一家2』の終盤に向田さんががんになられて、二十九回と最終回（三十回）の二話だけは久世さんが脚本を書いて撮っているというのを読んだことがあります。そのあたりの事情は、希林さんもみんなも知っていたんですか？

樹木　うん、でもそんなに大変な病気という感じではなかったのね。「病気だから書けない」くらいで。それ以前も向田さんが書けないということがあって、みんなで補ってつくったところもあるから、そんなに衝撃的なことではなかったかな。向田さんがいなくてもできるという感じでね。

是枝　キャラクターもできているし？

樹木　そうそう、だから筋だけあれば芝居ができちゃう。

是枝　久世さんのドラマは、『時間ですよ』、『寺内貫太郎一家』、『ムー』と同じホームドラマなんだけど、キャストはどんどん入れ替わっていくでしょう。森光子が加藤治子になり、小林亜星が伊東四朗[*31]に、マチャアキが西城秀樹、郷ひろみ[*32]に、天地真理[*33]が浅田美代子、岸本加代子[*34]になる。でも希林さんだけ、役は変わるけれど出演し続けている。遺伝子をずっともち続けていくのが希林さんだった。

樹木　久世さんがよく言っていてね。「俺ら演出家はさ、気持ちがわかっているのがひとりいりゃいいんだよ」と。

是枝　決別したことは久世さんにとっては大変なことだったと思います。

樹木　いろんな人に樹木希林の代わりをやらせようとしたんだけど、終いに「私にはできません！　違うんですから！」と怒っちゃう人もいたみたい（笑）。「あいつがいりゃあな」という想いがあったかもね。それはそれで不幸だけど、でもこの婆さんはしたたかで、結局また自分を見つけてくれる是枝さんみたいな監督に出会っているのよ（笑）。

是枝　嬉しいです。『寺内貫太郎一家』で一話だけ生放送があったでしょう。それが『ムー』と『ムー一族』になると、ものすごい頻度で生放送になる。ドラマというよりは……。

樹木　ショートコント。

是枝　そう、ショートコントが積み重なっていくスタイルになっていく。生ドラマをなぜやったのか、久世さんから聞いたことはありますか？

樹木　いや、特にない。

是枝　生放送は準備がずいぶん違うでしょう？

樹木　スタッフは違うわね。でも役者はあまり違わない。

是枝　生ドラマを一時間やるとき、リハーサルでも同じように一時間通しでやるんですか。

樹木　いや、そんなにしない。先に撮っているものもあって、ぜんぶ生ではないから。ちょっとは休憩できるようになっているの。

是枝　『ムー』のときには金沢で公開収録ドラマをやっていますよね。

樹木　なぜ金沢かというと、自分のコレ（小指）が金沢出身で。糸魚川とかあっちのほうの出なのよ。こちらはそんなこと知らなくて、なんで金沢なんだろうと（笑）。まあ、みんな自分の好き好きでつくっていましたね。

是枝　当時の思い出って何かありますか。

樹木　『ムー』『ムー一族』は水曜劇場という枠で、提供がトヨタ自動車と花王だったのね。それでギャグが何もなくなっちゃったときに、「やっぱり自動車はトヨタセンチュリーに乗りたいなあ」とか「やっぱりお肌には花王のニベアだわね」なんて言ってた（笑）。

是枝　スポンサーにゴマするやつね。

樹木　そういうめちゃくちゃなことをやっていたわね。そこまで取り込んでやれた面白い時代だった。いまはスポンサーが多くて何がなんだかわからない。途中で変わるしさ。

あと、生といえば、『ムー一族』ではコントコーナーの挿入歌「林檎殺人事件」[*35]を郷ひろみさんとデュエットしたんだけど、それが『ザ・ベストテン』で一位になって。でも十位から順番に入るから、出番は番組の終わりごろになるじゃない？　時間があるからそこで見つけた洋服を参考に、美術さんに服の一部を切ってもらって、首に巻いたりさ。生のおかしさ、生の醍醐味というのも味わいましたね。

是枝　その時代の久世さんは、ドラマなのかバラエティなのか歌番組なのか、なんだかわからないところへ突き進むでしょう？　『寺内貫太郎一家』のあと、向田さんが離れたことが理由のひとつかもしれないけど、よりテレビそのものへ向かった気がするんです。その時代も希林さんは完全に一緒に走っていますよね？

樹木　そう、走っていたね。でも、久世さんはだんだんとつまらなくなってきていたと思う。『寺内貫太郎一家』で自ら脚本を書いて最終回を仕上げたときの躍動感のようなものが、バラエティへと突き進み、いろんなことをやり尽くしちゃって、トーンが落ちた。一方で、私はもう駆けて駆けて駆けぬいて（笑）。あのころは『8時だョ！全員集合』[*36]と並行してやっていたから。

是枝　ライバルは『全員集合』だった？

樹木　ライバルではなかったけれど、全員集合にも私たちが出ていったりして面白がったりしていました。でもあちらはあちら。TBSの二本柱だからね。こちらとしては「基本は芝居」というのが最後まであった。まあ、久世さんのほうが飽きちゃったんだろうね。行く場所がなくなっちゃったというか。いい潮時だったのよ、私の舌禍事件は（笑）。

是枝　そんな気がします。久世さんが遊びを突きつめたあとにどこへ向かうのか。向田さんが亡くなるということもあったけれど、久世さんは明らかに何かを変えなきゃいけない時期だったんでしょうね。

樹木　でも久世さんがまだ絶望していないころ、一回ね、こういう芝居をつくりたいと言ったことがあって。ドラマの登場人物が最終回で死ぬ。そのとき、ドラマの中の他の登場人物はもちろん、テレビを観ている視聴者も同じようにその死を共有できるぐらい、「ドラマの中で確実に生きているという役をつくりたいんだ」と。毎週毎週当たり前のように出てきた役が最後にパタッと死んじゃって、日本中の人がその瞬間息を飲んで一緒になって泣けるような……。それを私にさせようとしたの。それこそ「福山雅治[*37]が結婚したって！　私、今日会社休む！」っていうんじゃないけどさ（笑）。

是枝　（笑）

樹木　「〇〇ちゃんが死んだから、明日会社休むわ」というぐらいの立ち上がれなさ、虚脱感。そういう役をつくりたいと久世さんは言っていたの。そのために役者はドラマ内で十分に生きないといけない。それに毎週必ず観るテレビドラマでなければできない。

是枝　その構想はいつごろ聞いたんですか？

樹木　『寺内貫太郎一家』をやっている最中だったかな。「なあ、日本中の人が、『〇〇ちゃんが死んじゃった……』と哀しむような、そういうのがいいよなあ」って。そのとおりよね。

是枝　その考え方と繋がるのかどうかわかりませんが、久世さんはドラマをドラマの中だけで完結させずに、外側に開いていきますよね。例えば、伴淳三郎さんが実際に紫綬褒章を受章されたとき、『ムー一族』で伴淳さん演じるベテランの足袋職人が（職人に合わせて）藍綬褒章をもらったという設定にしている。

樹木　ごめん、覚えてない。

是枝　そういう時事ネタを劇中に取り入れる。これは映画とテレビの違いというか、テレビの特性だと思うんです。久世さんはそこにすごく敏感だった。

樹木　そうなのよね。

是枝　『ムー』の中でも、「浅田美代子が吉田拓郎と結婚した」[*38]という現実の話を岸本加世子演じる登場人物がしていたり。浅田さんは『寺内貫太郎一家』『時間ですよ』に出演していたわけで、その役者のドキュメントをドラマのエッセンスとして使うわけです。普通のドラマのつくり手であれば現実部分を排除してフィクションに閉じていこうとすると思うけれど、久世さんは意識的に開いていく。決して作品の完成度には向かわない、それこそがテレビなんだなと。

樹木　そうやってつくってきたからね。久世さん、「美代子は一番まずい男に引っかかっちゃったよなあ」と言って、『ムー』の主人公（郷ひろみ）をわざと拓郎という名前にしたり。そうやって人のスキャンダルを面白おかしくいじっていたのに、さて自分のスキャンダルとなったら、ＴＢＳに辞表を出しちゃって。パタッと普通の人になっちゃってねえ。

是枝　なるほど。

樹木　男の人はみんなこういうふうになるんだなと。周りにはぜんぶ見えているのに、本人は隠しているつもりというのがずいぶんあるのよ。面白いですねえ。でも、久世さんは辞めたおかげで本が書けたの。作家として結構いい本を書いている。それは取りも直さず舌禍事件を起こした私のおかげではないかと（笑）。

是枝　久世さんに『あべこべ』[*39]という連作短篇集があるけれど、あれに出てくる女優の弥勒さんって希林さんがモデルですよね？

樹木　そう、私。表紙のイラストも私に似てるのよ。あのころの久世さん、文才があったな。面白いんだよね、着眼点が。

向田邦子作品に呼ばれなくなって

是枝　向田さんのことをちょっと聞いてもいいですか。向田さんが亡くなる直前というのはそんなに親しくご自宅には通っていないんですか？

樹木　まったく親しくなかった。私は向田さんが『寺内貫太郎一家』のノベライズみたいな、パパッと書いただけのあまりにひどい小説を出したから、それがすごく残念で。向田さんも私みたいな面倒くさいのは嫌だったんじゃないかな。向田さんががんから復帰してからは、もっと人間の深いところを書いていくようになって、直木賞ももらって。NHKで向田さんのドラマをやっても、まったく私には声がかからなかったですね。

亡くなるときは、新聞社から取材の電話はきたけれど……八月二十二日。若かったけれど、完結というか、やはり名を残したわね。シリアス路線になっていいもの書いたのよ。久世さんも書いた。だから、これでよかったのよ（笑）。私もふたりに出会っていなかっ

たら、人生つまんなかっただろうな。向田さんもそうだと思う。ランチ食べにいったりしたのよ。「あなたはマーボー豆腐のセットでしょう？　私は餃子のセットを取るから、ふたりで分け合いましょうよ」なんて、そういうときは気が合ったんだけど。

是枝　向田さんの青山のマンションも行かれていたんですか。

樹木　ずいぶん行った。買う前は西麻布のうちのすぐそばに住んでいて、そのときから知っていたから。向田さんのほうが収入あったんじゃないかな。高かったもん、向田さんの青山のマンション。……いやいやちょっと待って。もっといい話がいっぱいあるはずなんだけど。

是枝　（笑）思い出して。旅行には行ってないの、向田さんと。

樹木　行ってないな。団体旅行でみんなが行くときにいたかもしれないけれど。『寺内貫太郎一家』で全員で行くときとかね。『ムー』でもエジプト[*40]に行ったけど、そのときは向田さん、もう病気になっていた。まだ、四十代よね。若かったなあ……。

是枝　向田さん、五十一歳で亡くなりましたからね。早かったです。向田作品の前半に希林さんが出演され、後半には加藤治子さんがよく出ていましたが、加藤さんについて何か聞いたことはありますか。

樹木　加藤さんはいわゆる喜劇とかバラエティとかは無理だから、『寺内貫太郎一家』のときはそういう飛び抜けたキラキラした才能は見えなかったけど、向田さんがシリアス路線になってからの作品にはピタッときたわね。加藤さんの存在は、向田さんには結構よかったんじゃないかなと思う。

是枝　でしょうね。向田さんが亡くなられたあと、向田さんの作品を久世さんがアレンジしてたくさんやっていました。あのシリーズは希林さんはどう評価されていましたか。

樹木　いいなと思っていましたね。やっぱり芝居づくりが上手いなあと。ただ、遊びの部分とか喜劇の部分がないから、そこはね……。是枝さん、『センセイの鞄』[*41]って観ました？

是枝　もちろん観ました。

樹木　私、あれでワライタケを食べる人を演じたのよ。

是枝　うん、面白かった。センセイ（柄本明[*42]）の妻役で、センセイとふたりでピクニックに行って、食べちゃうんですよね。

樹木　そうそう。でも久世さん、私に対してのダメ出しとかも一切なくて。

是枝　ちょっと淡白になっていた？

樹木　淡白どころか、本当に一切なかったな。久世さん自身が、主人公を演じた小泉今日子[*43]という役者にすごく気持ちが入っていたのはよかったと思うけれど。

是枝　小泉さん、お芝居は久世さんにすべて教わったと言っていますね。久世ドラマで学んだことがすごく大きいと。

久世さんが『向田邦子新春シリーズ』を始めたときに、久世さんにとって大きかったのは田中裕子だと思うんです。田中さんの芝居をずいぶん理想にされていた。他の役者たちが「田中さんレベルの芝居を求められても、とてもじゃないけどできない」と言っていたらしい。久世さんと田中さんの話をされたことありますか。

樹木　一度もない。桃井かおり[*44]とやっていたころは、久世さんは桃井かおりに興味をもっていた。そのあと田中裕子が出てきて、そっちへ首ったけになったって感じかな。

是枝　作品からもそれはわかります。

樹木　田中裕子さんは女優としては優れているんじゃないですかね。

是枝　田中さんにとっても久世さんと出会ったのは大きかったと思います。『向田邦子新春シリーズ』は、田中裕子さんも小林薫[*45]さんも役者としての質をすごく上げたなという気がする。

樹木　久世さんには役者の力量を上げるだけの力があったんだよね。

是枝　間違いなく、ありました。希林さんは田中裕子さんと共演はしたくないですか。

樹木　別にそんなことはない。でも向こうが嫌がるんじゃないかな（笑）。

是枝　そうかな？

樹木　やっぱりアクが強いもんね、私。是枝さんの映画ではそうでもないけど、ちょっと目離すと、とんでもないことするから（笑）。それもやっぱり久世さんと遊んだ部分というのがひょいっと出てきてね。誰も要求してないんだけど、ついね。

映画が完成してキャンペーンをご一緒したあとや、コマーシャルのナレーションをお願いしてスタジオを出たときに、「このあとちょっと時間あるの？」と言われて遅いお昼をご一緒することが何度かあった。いきつけのお寿司屋か、代官山にある小川軒という老舗の洋食屋さんが多かった。希林さんのご自宅と僕の事務所が近く、突然電話をかけてこられて「いまから行くから」と告げふらりと歩いてこられることもあり、僕が留守のときは西川美和[*46]や若いスタッフとワインを飲みながら世

間話をして帰っていくということも何度かあった。

「あなた、あれは観たの？」

そう聞かれるときはたいてい希林さんの評価は低いのだが、こちらの評価とズレていて「面白かったです」と言うと、

「へえ……どこが？」

と突っ込んでくる。これがお互いに関係のない外国映画とかであれば「へえ……。そういう見方もあるんだ。面白いわねえ……」で済むのであるが、相手の監督や役者が希林さんの知り合いだった場合は、そう簡単にはいかなくなる。

以前、「あなたどんな脚本家が好きなの？」と訊かれ、「一番は向田邦子です」とよく考えずに口にした。即座に希林さんの顔がこわばった。

「へえ……例えば何？」

「えーと。そうですね、『阿修羅のごとく』とか『冬の運動会』[*47]とか……」

「あぁ……私と離れたあとのね……」

そう言う希林さんの表情は、安堵とも嫉妬とも違うなんとも不思議なものだった。

希林さんにとって向田さんは久世さんとともにテレビで真剣に遊んだ仲間である、という前提はあるにせよ、いくらスタジオで待っていても脚本が届かず、届いたら届いたで途中までしか書かれていなくて「あとはよろしく」とあり、堺さんや浅田美代子さんたちと夜中まで考えて放送にこぎつけるということが度々あったらしい。だからメインのライターではなかった『時間ですよ』はもちろん『寺内貫太郎一家』を向田邦子作品と呼ばれることに対して少なからずわだかまりがあったのだろうと推察する。

好きな演出家として久世さんの名前を出したときも反応は同様で、常に否定から入る。

「あの人は粘らない」「あの人はコレ（小指）で頭がいっぱい」「出来不出来の差が大き過ぎる」

その言葉からは一番近くで彼を見てきたからこその、愛憎相半ばな感情が見て取れた。そして、そんなに辛辣な言葉をぶつけてくれる仲間がいる久世さんはやはり羨ましくもあった。

もし久世さんがあのとき亡くならず、テレビドラマ版『東京タワー』のオカンを希林さんが演じていたら、果たしてどうだったろう？

そう考えながら、コンビを復活させてからの二本のドラマを観直してみた。二〇〇三年にＷＯＷＯＷで放送された『センセイの鞄』と、翌二〇〇四年にＴＢＳで放送された『向田邦子の恋文』[*48]である。

希林さんはもちろん持ち味を発揮した印象的な存在感を残してはいるが、ご本人の言うとおり、久世さんに脇で遊ぶ余裕はなかったのではないかと思う。『向田邦子の恋文』には森繁久彌さんも小さな役で出演しているのだが、残念ながら希林さんとの絡みはない。しかも、この作品での森繁さんは年齢の問題か設定の問題か演出なのか……戦前を描いた『向田邦子新春シリーズ』では一度も感じなかった「古臭さ」が、この一九六〇年代の東京を描いたドラマには感じられて残念だった。常に「いま」と向き合い新しかった久世さんのドラマが、初めて野暮ったく感じられた。敏感な希林さんはそのことを鋭く感じとっただろうし、だとすると自分のキャスティング自体を希林さんが疑問に思うのも必然だったかもしれない。自分が久世ドラマに出ることはもう作品のためにならない、と。

『向田邦子の恋文』では、[*49]山口智子演じる向田邦子の[*50]恋人の母を希林さんが演じているのだが、その母が縁側に座り、息子の自死を悲しみながら[*51]齋藤史《ふみ》の短歌を口にする印象的なシーンがある。

おいとまをいただきますと戸をしめて出てゆくやうにゆかぬなり生は

この歌は一九七六年に出版された『[*52]ひたくれなゐ』という歌集に収録されている。齋藤史の年譜によれば、一九七三年に夫が脳血栓で入院、老いて失明した母とふたりの看護に当たっている時期だ。これは向田邦子の恋人が病に倒れ、身体が不自由になった状況と確かに重なる部分は多いが、ドラマの設定時期とはかなり違う。

この歌をあえて時空を超えて希林さんに口にさせたのは誰なのか。[*53]箭内道彦さんが発行しているフリーペーパー『[*54]月刊 風とロック』でのインタビューの中で、希林さんがこの齋藤史の歌に触れている。

老いてなほ艶《えん》とよぶべきものありや　花は始めも終りもよろし

この歌を引用しながら「アタシなんかあんまり始めもよろしくなかったけども、ちょっと終わりくらいはよろしいっていうところに」辿り着きたいと話されている。齋藤史の言及はしかし公になっているものとしては、希林さんよりも久世さんのほうが少し早い。一九九五年に発表された『陛下』[*55]は二[*56]・二六事件を巡った小説だが、その終章の冒頭は齋藤がこの事件を詠んだ歌で始められている。

あかつきのどよみに答へ嘯《うそぶ》きし天《あめ》のけものら須臾《しゅゆ》にして消ゆ

実は森繁さんの聞き書きをされた久世さんの『大遺言書』の「いくつもの死を見送って」と題された文章の中にも、齋藤史についての記述がある。

この四月、歌人の斎藤史《ふみ》さんが亡くなった。昭和十一年の二・二六事件に関わった幼なじみの男友だちを処刑という酷《むご》い形で失って、《暴力のかくうつく

しき世に住みて　ひねもすうたふわが子守うた》という歌を血とともに吐き捨て、八十をこえた晩年、《友等の刑死われの老死の間埋《あひ》めて　あはれ幾春の花散りにけり》と詠んで、長過ぎた昭和という歳月を完結させた史さんは、九十三年の夕焼け色の生涯を終えた。

この文章が書かれたのが二〇〇二年、ドラマ放送の二年前。二・二六事件は久世がドラマ（『麗子の足』一九八七年）でも文章でも度々取り上げた思い入れの強い事件だ。『向田邦子の恋文』への齋藤史の歌の引用は、脚本家でも希林さんでもなく、やはり久世さんなのではないかと推察している。

脚本家の小林竜雄[*57]は著作『久世光彦vs.向田邦子』[*58]の中で、「見終わると二人の悲しみというよりもこの短歌の方が残る」と短歌の引用に疑問を呈していて、「そんなことは百も承知で作品のバランスを崩してまでも自分の世界を介入させた」のだとまとめている。そうかもしれない。しかし、久世がドラマに介入させたのは、自分ではなく「いま」だったのではないか？　齋藤史が亡くなったいまの時代、いまの気分を（確かにそれは久世自身の気分かもしれないが）日記のようにドラマの中に書き留めたかった。それが彼がずっとドラマをつくってきたやり方だったからである。
いまこうして振り返ってみると、他人には推し計れない気苦労が身内の方々にあることは充分承知しつつも、希林さんは
「おいとまをいただきます」
と戸を閉めて、見事に生から死へ旅立たれたのではないかと思う。

齋藤史には次のような歌もある。

君は死者われは老いたる生者にてその距離他よりいささか近き

『向田邦子の恋文』をつくった当時、久世さんが意識していた「死者」は間違いなく向田邦子だったろう。そして、僕と出会ったころの希林さんにとっては、(希林さんは決して認めないだろうが)恐らく前年に亡くなった久世さんだったのではないかと思う。そして希林さんと出会った当時の僕にとってそれは間違いなく母であった。

婆さんを演じるときのコツとアイデア

是枝 出演のオファーがあったとき、どういう基準で選んでいますか？

樹木 ギャラの順。

是枝 (笑) いつもそう言いますが、実際は違うでしょう？

樹木 いや、違わない。あとは依頼が来た順。

是枝 でも、監督や演出家を気に入ったからまた出るという人も何人かいらっしゃる気がして。

樹木 いるかな？

是枝 深町幸男さんはいかがですか。

樹木 深町さんはそうね。

是枝 『夢千代日記』がよかったから？

樹木　そうね。吉永小百合さんの代表作にもなったから。

是枝　小百合さんとはその後も共演が続いていますね。坂東玉三郎[*59]さんが監督した『夢の女[*60]』とか。

樹木　あれは小百合さん頑張ったなと思う。

是枝　すごくよかったですね。

樹木　最後のシーンなんかもね。深川洲崎《すさき》の土手のセットをつくって。小百合さんが長い台詞をずっと覚えていたんだけど、玉三郎さんが気持ちを込めてアドバイスしていたわね。私は『夢の女』の小百合さんは好きです。

是枝　どんなアドバイスだったんですか。

樹木　型で付けてた。小百合さんは旦那に死なれて身を売って、臈長《ろうた》けた遊女になっているという役で、お座敷で旦那に「お前もどうだ?」と杯を渡されたときに、小百合さんが「いただきます」と言うシーンがあるの。すると玉三郎さんが「小百合ちゃん、それだと女学生なんだよ。『いただきます』って言うんじゃなくて、肩で飲んでちょうだい。あなた、口で飲んでるから」と。どうやっていいかわからないよね。そうしたら玉三郎さんがフッとその肩で返事をする所作をしたの。それから「顎から飲んでくれ」と言って、その顎から杯を持ってくる所作もやってみせた。

是枝　それであの色気が出ているんですね。

樹木　玉三郎さんは自分が役者でもあるから、人前で芝居のダメ出しはしないの。私にも陰でそうっと寄って、「希林さん、あのね」と言う。絶対に人前で恥をかかせまいとするのね。その玉三郎さんの資質が小百合さんと合ったんだね。

スチール撮影のときの打掛の落とし方なんかも、玉三郎さんが「もうちょっとよ。はい、もうちょっと落ちて、落ちて、はいここよ！」とアングルを指示して、篠山紀信[*61]さんはシャッターを切るだけ（笑）。歩き方ひとつとっても、娘さんの歩き方と男を知った女の歩き方は違うとか、堅気の女将さんと商売している女は違うとか言って、ちょっと崩れた女の一番の色気を教えていた。あれは玉三郎さんのいい仕事でしたね。鮮やかだった。

是枝　鈴木清順さんの『ツィゴイネルワイゼン[*62]』に出られているのは、何がきっかけですか。

樹木　夜樹社[*63]という事務所をやっているときに、大楠道代[*64]に『ツィゴイネルワイゼン』の話が来たの。それで私も「何か役ない？」と聞いたら、婆さんの役があると言うから、「ああ、それでいいわ。出る」って（笑）。

是枝　大楠さんつながりなんですね。

樹木　そのころの鈴木清順さんはまだ沈んだままだったけれど、田中陽造[65]さんの脚本は面白いから「やってみなよ」と。ついでに私がウナギ捕りの婆さんの役をやったというね。でも、気持ち悪くてね、あのウナギが。その後も清順さんのものはちょこちょこやっているけれど、私にとってはそんなにびっくりするような演出というのではなかった。

是枝　最近、[66]金嬉老《きんきろう》事件の『金[67](キム)の戦争　ライフル魔殺人事件』というドラマを観返したんです。希林さんは金嬉老のお母さん役。

樹木　あれをやったとき、金嬉老の弁護士に「自分は熊本刑務所へ行っていつも接見しているんだけど、顔はぜんぜん似ていないのに、ソックリだね」と言われたの。「どこが似ているの?」と聞いたら、「希林さんが演じた人そのものなんだよ」と。放送した当時は「樹木希林は在日韓国人であることを隠している」とも言われたし。

是枝　実際にお母さんに会ったわけじゃないんですか?

樹木　会っていない。でも、上手くいっていると思わない?

是枝　すごく上手くいっていると思います。だから強烈に印象に残っている。希林さん、まだ四十代後半だったんですよね。

樹木　婆さんの役をやるときはいつも、股上を長くして脚の形があまり出ないようなモンペを穿くんだけど、歳をとった韓国の人は股上が短いのよね。それがポイントだと思ったから、線路のシーンはそれで歩いた。一升瓶を持って歩くシルエットが韓国人だと言われたのよ。私はわりかし体型でやろうとするところがあるの。気持ちとしては『海よりもまだ深く』と同じように、とにかく息子が可愛いと思って演じた。あんなふうにとんでもなくいいときがあるんだよね、私（笑）。たけちゃん（金嬉老役のビートたけし）[*68]にも言われたもん。「希林さんは普通の役者と出ると差がつき過ぎちゃう。合わないんだよ、他の人と」って。

是枝　極端にひとりだけリアルなんですよね。

樹木　そんなつもりでやっていないんだけどね。韓国の人の強さってあるじゃない。よく空港なんかで息子を怒鳴っているお母さんがいるのよ。そういうときどきヒュッと入ってくる情報を、ただ繋ぎ合わせたんだね。衣装を着るときにもさっき言ったみたいに考えて。だから衣装……扮装が八割（笑）。

是枝　体型で演じるということですね。

樹木　体型です。それはもう絶対体型です。歳をとるというのはそういうこと。だから私は顔に皺とかを描いたことがないの。いつも体型なんです。歳をとっていくとだんだんと身体が小さくなっていく。それだけ。

是枝　役づくりで言うと、『寺内貫太郎一家』のときに希林さんが電車に乗っていて見かけたおばあちゃんの観察をしていて、老人ホームまで付いていった、と久世さんが書いています。

樹木　そんなことしないわよ。

是枝　じゃあ久世さんがちょっと盛ってる？

樹木　うん、大盛り（笑）。ただ、私の周りに婆さんはずいぶんいたから。婆さんというのはみんなすごくしたたかで、ちょっとやそっとじゃ譲らない。そういうのはずっと見てきた。「若い人から見た婆さん」は考えないの。たまたま歳をとっているけど「この人の気持ちは若いままだな」と考えるんです。人間はいくつになってもそのままなの。ただ体型がそうなっちゃったというだけ。私は婆さんを演じないから。そのまま出ているだけだから。

是枝　女優さんにお年寄りの役をお願いすると、多くの役者さんは「自分はまだ若い」と思っているから、お年寄りを演じようとするんです。でも、希林さんはそれをしない。

樹木　しないね。

是枝　そこがいいんです。

樹木　特に女の役者さんは自分が歳をとっていないと思っている。それで、この歳ならこうだろうと考えて演じる。ひどい人になると、白髪をいつも茶色に染めていて、役を演じるためにはもとに戻せばいいだけなのに、茶色の上にさらに白をかけるわけ。そうすると利尻島のおぼろ昆布みたいになっちゃうの（笑）。それだけで婆さんじゃないと思う。わざと老けなくていい、そのままでいいんだけどね……。

是枝　これも久世さんが書いているのですが、希林さんが『寺内貫太郎一家』でお婆さんを演じたときに指先を切った手袋をしているのは、希林さんが自分で考えたアイデアなんですよね？

樹木　自分で考えたのはそうだけど、それは化粧をするのが嫌だっただけ。三十歳ぐらいのころは手がすごく綺麗だったの。筋も何もなくて、手のモデルをやってもいいぐらい。でも、画面に手も映るじゃない。婆さんの手に見えないから、毎回手に化粧しなきゃならないわけ。

是枝　皺をつくったりとか。

樹木 それが手間で、手袋をして先を切っちゃったの。
是枝 なるほど、むしろそれが理由なんですね。
樹木 そう。私はぜんぶ効率が先なんです。

加藤治子は芝居を見る目がブレない

是枝 加藤治子さんの話も一度お聞きしたかったんです。お付き合いはいつからですか？
樹木 『七人の孫』ですね。その前は文学座で一緒だった。加藤さんはあらゆる人の憧れで、「治子ちゃん」と呼ばれてみんなに好かれていた。もともと、エノケン（榎本健一）[*69]さんの相手役をやったりして出てきた女優さんで、文学座でもみんなのアイドルというかね。私はずいぶんいじめたんだけど（笑）。
是枝 お芝居で？
樹木 いや、「なんでそんな、夫に女ができちゃうのよ？」とか、私生活について冗談を言うとか。だけど、それにまた上手く乗っかってくるから。

是枝　希林さんより二十歳ぐらい上ですよね？

樹木　二十二歳上。お歳を召しても可愛らしい人だった。加藤さんの家の前でいろんな人が花を持って、入るに入れなくて佇んでいるというのはよくあったことなの。監督とか、指揮者とか。

是枝　マドンナなんですね。

樹木　そう、マドンナよ。私が好きだったのは、加藤さんは芝居を見る目がブレないの。それだけ。それだけって、それがすごいことなんですけど。あれはやっぱり文学座で培われたものでしょうね。夫の加藤道夫[*70]さん、芥川比呂志さん、三島由紀夫[*71]さんなんて錚々《そうそう》たる人たちに交じって育ってきた結果だと思う。芝居の目指すところが卑しくなくて、的確なのよ。だから加藤さんの批評を聞いていると、「役者っていうのはそういうところを目指していかないといけないんだなあ」と思った。いいところの奥さん役なんていうのは本当に上手だったわね。だけど、世話物の芝居なんかは好きでやろうとするんだけど、下手なの。それで私が「なんでそれだけ芝居のことをわかっていて、そういう芝居になっちゃうの？」なんていじめると、「そうなのよお」とまたそれに乗っかってくれる（笑）。そういうところが好きだった。

是枝　でも、相手役の芝居に対しては厳しかったでしょう。

樹木　「あんな芝居をやる者は、生きている値打ちはないわ」なんて平気で吐き捨てるように言うの。そういうところがよかった。「そのとおり!」というね。

是枝　そういう話はどういうときにするんですか?

樹木　会えばだいたいそういう話だった。ご飯を食べたりしても、芝居の話がなにしろ面白かった。

是枝　加藤さんは誰を役者として認めていたんですか。

樹木　いまも健在な人で言うと、山﨑努[*72]さん。昔だと、出たばかりのころの松田優作[*73]とか。久世さんのドラマで松田優作さんとラブシーンがあったとき、脱がないでもいいのに上半身脱いじゃって(笑)。絶対に自信があるところは出しちゃって、可愛いのよ。

是枝　可愛いですね(笑)。わかります。

樹木　……ああいう女優はもう出てこないかな。そういう気配のする人が出てくるんだけど、みんな頭がよすぎてね。ちょっと小賢しいところにいくと危ないというのがあるけれど、加藤さんは小賢しくなかったから。九十歳になっても、髪をおかっぱにして綺麗なピンクに染めて、「あたくし、もう外には出られないわ。写真には写りたくない」と言っていた。でも、ご遺体は本当に綺麗だった。全うしたんじゃないかな、女優人生を。

是枝　亡くなる直前までお付き合いされていたんですよね。

樹木　そうなの。電話がかかってきて、「あのね、眼鏡を買いたいんだけどね」と。「はいはい、どこ行くんですか?」「TBSのあそこの角のこっちに眼鏡屋があるじゃない?」「はあはあ、電信柱のところね。そこで何時?」って感じでやり取りするんだけど、加藤さんが来ないのはわかっているから行かないの（笑）。

是枝　来ないの?　じゃあ、話したかったんだ。

樹木　そうそう。一応そのあとに電話すると、お付きの人が「すみません、もう寝ましたから」って。

是枝　杉村（春子）さんとの関係はどうだったんですか。

樹木　杉村さんは加藤さんのことを「自分にはない、いいものをもっている」というのは認めていたわね。でも、加藤さんは何でもできるというタイプの役者じゃないから。お互いに意識する役者ではないというか、文学座でも違うタイプの位置づけでした。

是枝　森光子さんと加藤治子さんの一番の違いは何だと思いますか。

樹木　……そういうこと言っていい歳かなあ、私も。……例えば、文化勲章をいただくために一生懸命努力するタイプと、そうでないタイプの違いがまずあるのね。基本的に歩く道が違っていると感じるの。だから、芝居も自ずと変わってくる。

是枝　『時間ですよ』で森さんと共演したとき、芝居で絡んでもあまり面白くなかった？

樹木　というか、森さんは面白さを目指そうと思っていないのよ。ただ、いい人ではある。お土産を買ってきてくれたりだとか、気は使ってくれるんだけど、それと芝居をすることは違うから。逆に私みたいな役者は森さんもえらい迷惑だったと思う。名だたる作品があって、「あれはすごいな」というのもあるんでしょうけど……、私が出合った中では、そう感じるものはなかった。性格のよさ、可愛らしさというのはあるけれども、それと役者というのはちょっと違うような気がして。杉村さんがよく言ってたの。（声真似で）「アタシね、性格なんか悪かったって構いやしないのよ。お芝居の変な人、大っ嫌い」って（笑）。

是枝　似てる（笑）。あらためて見直すと、森さんのお芝居って非常に滑舌がよくて、台詞が聴きやすいし、テクニカルな部分では相当すごいと思う部分もあるんですが、相手の役者と絡んで何か生まれているといった感じがあまりしない。芝居がコミュニケーションではなく、ひとりで完結している。間違ってないですか。

樹木　間違ってない。『時間ですよ　昭和元年』[*74]だったかな、私が演じた婆さんが死にそうになって倒れているところへ、森さんがやってきて、一生懸命、涙ながらに「お婆ちゃん！　なんでこんなことするのよ！」と言うシーンがあったの。カットかかってすぐ、森さんに「ぜんぜん気持ちが伝わってこないんですけど」と言った（笑）。

是枝　すごいですね。

樹木　そうしたら現場がシーンとしちゃって。森さん、そのころ舞台をやっていて、舞台がハネたあとに来て撮ったからだと思う。舞台の芝居って、声の出し方とか表現の仕方がテレビとぜんぜん違うでしょう？　それで森さんよりうんと年下なのに、「あの、すみません、ぜんぜん気持ちが伝わってこないんですが、これでいいですか？」って。嫌なヤツよね、私（笑）。よくそういうこと言うなあ、図々しくも。まあ、そういう人なのよ。相手がどうであれ、関係ないんだよね。

是枝　そこは加藤さんにも通じるのかもしれない。

樹木　そうなの。でも、加藤さんは言っていいときと悪いときをちゃんと考えて言う人。私は、森さんが涙を流してやればやるほど、白けていたというか。そんなこと言わないで、「どうもお疲れさまでした！」って帰ればいいのにね。

是枝　そこがいいところじゃないですか。

樹木　いいか悪いかはわからないな。そういう性格で貫き通した結果、こんな自分勝手な人間になっちゃったのよ。だから、がんにもなっちゃったのよ（笑）。

是枝　加藤さんとは喧嘩したこともあるんですか。

樹木　喧嘩はしない。一方的に私が意地悪を言うだけ。私なんて、お互いにずいぶん自分の血を流しながら、傷つけるようなところもたくさんあった。「あなたって意地悪ねえ」ってよく言われた。「でも、文章だとすごくいいのよね。なんであんなによくわかってるの？」と（笑）。「意地悪だからですよ」と答えておいたけどね。意地悪だったねえ。どうしてあんなに意地悪だったんだろう。恥ずかしい。恥ずかしいよ、本当に。

　舞台の代表作も観たことがない僕のような人間がテレビドラマだけで森光子の芝居を云々する資格はなく、インタビューでの僕の発言は甚だ僭越だったなと反省している。希林さんから本音を引き出すための「呼び水」だったとはいえ、ちょっと言葉が過ぎたかもしれない。希林さんの森光子評も、あくまで大好きな加藤治子さ

んとの比較の中で出てきたもののような気がする。それだけ加藤さんとの共演が楽しかったということなのだと思う。

加藤さんには『ひとりのおんな』[*75]という自伝本があり（聞き手は久世光彦）、向田さんのドラマの中では『寺内貫太郎一家』シリーズが一番楽しかったと話している。久世もそれを受ける形で「光と影というか、明るいところと、ぼんやり暗いところの按配がほどほどに快くて、向田さんの中の、健康であったかいものが温泉みたいに溢れている」と評している。希林さんも同じ気持ちだったのだろう。

あらためてここに記すまでもないが、日本のホームドラマ史における森光子の登場とその新しいお母さん像の創出というのは、やはり画期的なものだったろうと思う。

森光子がテレビで「お母さん」を演じた初期の作品に『天国の父ちゃんこんにちは』[*76]（のちに人気シリーズになり、二十一回放送された）があるが、その演出を担当したTBSの鴨下信一はこの役には「森光子の写実的なドキュメンタルな芸風が必要だった」と述べ、「タメ口で喋り、いわば等身大で喧嘩する母子像はたしかに新鮮きわまりなかった。息子＋娘と〈同じ土俵で、同じように問題を考える〉母親というのはそれまでになかった」と評価している（『ＴＢＳ調査情報』二〇一一年十一・十二月号「テレビ日記」より）。

久世ももちろん森光子を高く評価している演出家のひとりだが、面白いのは『ひと恋しくて』[*77]というエッセイの中で森と田中角栄を並べ、とにかく自分の周りにいるスタッフの名前や愛称をすべて覚え、現場で「小道具さん」「照明さん」ではなく、「エビちゃん、ちょっと」「トラさん、これお願い」と呼びかけると記している。希林さんからすると、こういう気遣いが逆に嫌味のように感じられたのかもしれない。

とはいえ、例えば向田邦子の『父の詫び状』[*78]に収録されている「チーコとグランデ」というエッセイの中には、向田さんの新築マンションに悠木千帆が案内役で森光子を連れて遊びにくるという下りがある。「私（向田）はお二人の出演するドラマの台本を書いていた」とあり、「六年前にマンションを買い」という記述を年譜に照らし合わせてみると、向田が霞町のアパートを出て南青山五丁目のマンションへ引っ越ししたのが一九七〇年なので、このエッセイにある森光子と希林さんがマンションを訪れたのは一九七六年。このとき向田さんが執筆していたのは、翌年の十一月から放送される『[*79]せい子宙太郎——忍宿借夫婦巷談《しのぶやどかりめおとこうだん》』に違いない。

これは東京の下町の神田の葬儀屋を舞台にしたドラマで、森はここに住み込みで働く女、希林さんは社長の二号さんという設定だ（ちなみに社長夫人は加藤治子）。撮影時以外にもこのようなお付き合いがあったことを考えると、やはり当時は必ずしも森さんと不仲だったわけではないのだろうと思う。

役者たち、そして夫たち

是枝　共演した役者さんについて、お聞かせください。希林さんは寅さんにも出ていますね。第三作の『[*80]男はつらいよ　フーテンの寅』。

樹木　タイトル前のワンシークエンスね。

是枝　信州の女中さん役。でも、印象に残りますよね。
樹木　でもあれ、監督が違うのよ。
是枝　森﨑東[*81]さんですね。山田洋次さんではない。
樹木　そう。渥美清さんとはそれまでうんと仕事をしているんですよ。『おもろい夫婦』[*82]とかで。
是枝　映画では寅さんが初めて？
樹木　映画はあれだけ。
是枝　じゃあ、あのツーショットは貴重なんだ。
樹木　貴重だかなんだかわかんないけど、いま考えると渥美さんの絶頂期に映画で一緒にやりたかったですね。当時は考えてもいなかったけれど。渥美さんはもっと長生きすると思っていたから。
是枝　渥美さんは軽みの中によくわからない哀しみがありますよね。いまはいなくなっちゃったけど、役者の中にそういう系譜がある。森繁さん、フランキー堺[*83]さん、渥美さん。あの世代特有の軽やかさと哀しみはすごく貴重だと思うんです。敗戦を経験している世代だからなのか。その理由はよくわからないんだけど。

樹木　森繁さんは個性的な顔はしてないのよね。ごく普通の顔。だけどフランキーさんとか渥美さんは一回見たら忘れない顔でしょう。だからキャスティングするほうも普通の役をよけちゃった。ちょっともったいないね。こんなこと言ったらあれだけど、人気絶頂のときも、寅さんを終わりにして、もっと違う役をやりたかったんだろうなあと思うな。

是枝　あれだけ続くと、背負うものが大きくて辞められなかったのかもしれないけれど……。他にこの人と一緒に芝居したかったという人はいますか？

樹木　うーん……、芝居の傾向が違うから私は出会わなかったけど、高倉健[*84]さんとちゃんとやってみたかった。あれぐらいヤクザの一途さが似合う人もいないわよね。あの人がヤクザ役をやっているころに私がいまの年齢だったら、何代目かの女将さんの役をやってみたかったな。高倉健さんは案外芝居がわかっている。私みたいにわざとらしく、わかりやすい芝居をしない人なのよ（笑）。

是枝　高倉健さんというのは意外です。芝居がわかっているというのは何のときに思ったんですか？

樹木　『これから[*85] ～海辺の旅人たち～』というテレビドラマ。主役が健さんで、若いのに養老院に入るという役だった。わかって芝居を抑えているんだなとか、そういうことがよくわかったの。それまではただのいい男で、サーッと刀を抜いたりなんかして、スターなんだと思っていたの（笑）。

是枝 それが、〝役者〟だった。

樹木 黙って何もしないように見えて、ちゃんと感じてやっている。優れた俳優だということがよくわかった。健さんもそうだし、渥美さんもそうだけど、一世を風靡した人って、ただ運がよくてそうなったわけではないんだね。勝新太郎[*86]さんみたいに最初から腕があって芝居が好きでという人とは違っても、みんなそこへ行くだけの器がある。そういうことが、いまごろになってわかってきました。本当にもったいなかった、一緒にできなくて。

是枝 勝さんとも一度もないんですか。

樹木 いや、あるのよ。『続・酔いどれ博士』[*87]とかで。でも、勝さんが一番いいときにやってない。個人的にはよく知ってるの。だからなんだかもったいないことをしたなと。

是枝 勝さんとだったら面白かったでしょうね。テレビでもかなり自由にやっていた方だから。希林さんとは合ったような気がします。

樹木 私のことを「悠木」と呼ぶんだけど、「悠木、お前のあとにみんなお前の芝居を追ってきただろ。桃井かおりだろ、田中裕子だろ。でも、現時点でお前を超えているのはひとりもいないな」って。私は「そんなこと、大きい声で」って（笑）。あと、私が『影武者』[*88]について「勝さん、あんなことしないでやればよかったのに」と言ったら、「悠木、黒澤さんでもな、出来の悪いものはあるぞ」と（笑）。

是枝　確かに『影武者』は勝さんで観たかったなというのはありますね。黒澤さんの残していたデッサン画を見ると、完全に勝新で描いているから。

樹木　仲代達矢[*89]さんと話したことがあるんです。「仲代さん、苦しかったでしょう？」と言ったら、「苦しかった」と。世間がいろいろと思っている中で演じるのは……。

是枝　大変ですよね。

樹木　いつの時代もね。まあ、勝さんのような、あれぐらい役者にのめり込んでいる人は本当にいなくなっちゃったね。

是枝　勝さんもどこかワイドショーへの対処の仕方を面白がっちゃうところがあって、希林さんと似ていますね。

樹木　勝さんは好きな女優さんのときは絡みが長いのよ（笑）。『座頭市』[*90]でも樋口可南子[*91]とのお風呂のシーンをやたらと長く撮ったりして。可愛いのよね、そういうところが。

是枝　田中邦衛[*92]さんはどうですか？

樹木　田中邦衛さんはすごくいいけれど、なんて言うの……、ひと色だから。ただ、あの人の殺陣はすごく色気がある。『岡っ引どぶ』[93]という ドラマで、「どぶ」と呼ばれている岡っ引き役を田中さんがされて、殺陣が上手で色っぽいんです。ぶわっと斬っていくのではなく、身体がぶつかっていくような感じなんだけど、その肉がぶつかる音も含めてね。みんな優れたところがあるんだなと思いますね。

是枝　松田優作さんとは？

樹木　私が「六月劇場」[94]という劇団をやっているときに、彼が研修生として入団したから、一度会っている。

是枝　そのあとは？

樹木　『あばよダチ公』[95]という映画で一緒にやったのよ。私は姉の役で。そのとき、優作ちゃんに「あんたさ、ショーケン（萩原健一）[96]と同じ芝居してちゃダメだよ」と言ったことがあって。

是枝　松田さんはあの時代、ショーケンとか原田芳雄さんに憧れていたんですよね。いまは逆だと思われているかもしれないけど、明らかにショーケンと原田さんの模倣から入っている。

樹木　私の言ったことは聞いていなかったと思うけど。
是枝　でも本人もわかっていたでしょう。
樹木　そのあとずいぶん経って、『家族ゲーム』[*97]のころから変わったと思う。
是枝　ショーケンはいかがですか？
樹木　なんだかもったいないなと思いますね。
是枝　僕は世代的に一番の憧れでした。
樹木　『前略おふくろ様』[*98]とか、魅力的だったわね。
是枝　色っぽかった。何十回と観ています。大好きでした。
樹木　『傷だらけの天使』[*99]だって魅力があったし。もったいないね。
是枝　文学座の分裂騒動についても聞いていいですか。一九六三年、文学座の中堅・若手劇団員二十九名が退団して、芥川比呂志さんを中心に「劇団雲」[*100]を結成しています。でも、希林さんは文学座に残りましたよね。
樹木　うん。「お婆さんと若い研究生しかいないような劇団でやるつもりはない」とか言って、橋爪（功）君とか山﨑（努）さん、加藤治子さん、岸田今日子[*101]さんなど錚々たる人たちがみんな雲のほうに行っちゃった。私はそういう思考がないから、そのまま残ったわけ。

でも、残った人の中でまた新しく何かやりたいという人が出てきて、そこへくっついて行ったのよ。あまり主体性がないのよね。

是枝 それが岸田森[*102]さんが結成した六月劇場ですね。そのとき希林さんは岸田さんと結婚していた。

樹木 ……私はちゃんと喋りたいのよ。だけど、うちのお爺さんが……。

是枝 嫌がるんですか？（笑）

樹木 「お前そんなの、誰も知らねえぞ！」と。私は「いや、そんなことない。歴史だから」とか言うんだけど、「認めねえ！」って。自分はどうなんだって（笑）。

是枝 岸田さんは非常にインテリジェンスを感じる俳優ですよね。

樹木 ……やっぱり、私と出会わなければ岸田森さんはまだ生きていたと思うわね。飲めないお酒を飲み始めて、すごくおかしくなっちゃったから。うんと寿命を縮めた理由が私にもあるなと思う。

是枝 それはなぜ？

樹木 私との離婚の騒動とか、いろいろ。もし、私があの人の母親だったら、殺しても殺しきれないぐらい腹が立つ。現実に何があったわけではないんだけど、私みたいなのと出会ってしまった息子が不憫でならない、と思うに違いない。それもしょうがない、縁だからと思っている反面、いまごろになって忸怩《じくじ》たるものがあるのよ。
　松田優作が十六歳のときに六月劇場の研修生になって、その後、母親に言われてアメリカの高校に入り、戻ってきて文学座に入ったんですよ。ああ、頑張っているなと思っていたころに、『探偵物語』*103のゲスト出演で呼ばれたから、「じゃあ出るよ」と。松田優作にとって、六月劇場で出会った岸田森、草野大悟*104、私なんかは役者のスタートに出会った人たちだから……。
是枝　すごく大事にしているんですね。
樹木　うん。一回さ、原田芳雄さんの家でかち合ったんだって、内田裕也さんと岸田さんが。それで優作ちゃんとかみんなで、ふたりを会わせないように苦心したって。内田さんがトイレに行くと、みんなで付いていったりして（笑）。
是枝　（笑）
樹木　そんなエピソードがあったみたい。もう、どちらが先に逝くかわからないけれど、裕也さんが死んじゃったら、そんな話もきちんと話そうと思っているのよ。
　いつだったか、岸田森の本が出版されることになって、私に取材が来たの。もちろんお受けしたんだけど、それを裕也さんがものすごく怒って。なんでそんなに怒るのか、よくわからないんだけど。……でも基本、陽気だからね、裕也さんは。だいたい自分のことは棚に上げて、私に対して嫌なものは怒るというね（笑）。

こんなこともあった。ある女優さんと内田さんが同棲しているころに、内田さんから夜中に電話がかかってきたの。同棲しているのは知らなかったんだけど、付き合っているというのは公に出ていたわけ。内田さんが言うには「あいつが浮気してやがったんだ！」って（笑）。「相手は○○○○だ。いま、家に電話して、文句言ったんだ」と言うから、「いたんですか？」と訊いたら、「いや、いないから、女房が出たよ」と。女房も女優さんなのよ。「あいつ（女房）は変わってんなあ！『私とは関係ありません』なんて言いやがんだ」って。その後、当人を呼び出してさんざん脅したみたいで、結局その夫婦は別れちゃったのよ。自分も不倫相手の女優さんとは別れたんだけどさ。……いったい誰に電話かけてきてるんだろうなあと。本当に理不尽。

是枝　理不尽ですね（笑）。でも、以前希林さんは、「生まれ変わっても、もう一度内田さんと結婚するか？」という問いに、「もう出会いたくない。出会ったらまた好きになるから」と答えたんですよね？

樹木　誰が言ってんの、それ。
是枝　希林さんが言ったんですよ（笑）。
樹木　それは口からでまかせだな。いまはちょっと……やっぱり変わりますから、人間は。でもね、確かに言えることは、内田裕也みたいな人が夫であることで、重しにはなっているんですよ。
是枝　重し？
樹木　うん、私の重し。あの人がいなかったらもっと野放図な、困った人になっていると思うのよね。「それはありがたかったわあ」と本人に言ったら、「ああ、そうか。じゃあ、お前は幸せなんだな」と。「ええ、幸せですよ。そちらはどうですか？」「俺だって幸せなんだ」って（笑）。

先ほど触れた箭内道彦さんのフリーペーパー『風とロック』の中にも出てくる話なのだが、新築した家を内田裕也さんが見て、
「何で俺の部屋には風呂がないんだ」

と怒ったらしい。そのときの希林さんの返しが素晴らしい。

「ロックはシャワーでしょう」

裕也さんは納得せず、

「ロックだって風呂につかりたいときはあるだろう」

「いや、ロックが湯船につかっちゃダメでしょう」

こういう話をするときの希林さんは森繁さんのときと同様に声色まで真似して、夫婦のやりとりを一人二役で再現してくれる。

希林さんが「お祝いのお花は一切お断りします」と受賞後のインタビューで話されたというのを耳にすると、

「そんなこと言ったら花屋が可哀想だろう。花屋だって商売なんだから、黙ってもらっとけ」と裕也さん。

「そういうところはあの人のほうが常識があるのよ」とフォローする。

インタビューの中でも触れた岸田森さんに関する質問に対しては、

「それだけはちょっと……」

と、珍しく言葉を濁し、

「内田が嫌がるのよ。自分と出会う前の話をするのは……」

そう言ったときの希林さんの表情はどこかうっとりとした、乙女のようなはにかみがあって、こちらが思わず気恥ずかしくなるほどだった。

註

＊1　鍋屋横丁
東京都中野区の本町・中央を南北に走る商店街。江戸時代、現在の杉並区堀ノ内にある妙法寺に向かう参道として栄え、中でもこの角地の休み茶屋「鍋屋」がひときわ繁盛したため、この名がついた。

＊2　人世坐
かつて東京都豊島区の池袋駅東口近くにあった映画館。作家の三角寛が昭和二三年、まだ一面の焼け野原だった池袋に建設した。名称は「人の世を坐（まも）る」という三角の信条が由来。名画座としての地位を確立したが、六八年に閉館。

＊3　アバンギャルド
主に芸術、文化、政治の分野における実験的、革新的な作品や人々のことを指す。

＊4　『カルメン故郷に帰る』
木下恵介監督による一九五一年公開の映画。国産初の「総天然色映画」として公開され、話題を呼んだ。主演の高峰秀子は同名の主題歌も歌っている。

＊5　今井正
映画監督。一九一二年、東京生まれ。東京帝国大学中退後、東宝の前身J．O．スタヂオに入社。三九年、『沼津兵学校』で監督デビュー。四九年、『青い山脈』が大ヒット。東宝を退社してフリーに。五七年公開の『純愛物語』でベルリン国際映画祭銀熊賞（監督賞）、六三年公開の『武士道残酷物語』で同映画祭金熊賞（最優秀作品賞）を受賞。代表作に『また逢う日まで』『ひめゆりの塔』『真昼の暗黒』『キクとイサム』『橋のない川』など。九一年没。

＊6　『どっこい生きてる』
今井正監督による一九五一年公開の映画。ヴィットリオ・デ・シーカ監督作『自転車泥棒』など、ネオレアリズモの作品の影響が色濃く反映している。

＊7　高峰秀子
女優・エッセイスト。一九二四年、北海道生まれ。二九年公開の『母』に出演し、天才子役スターとして活躍。四九年公開の『銀座カンカン娘』では主題歌も歌い、四十二万枚のヒットとなる。翌年フリーに。木下恵介、成瀬巳喜男、小津安二郎などの巨匠監督の名作に数多く出演。代表作に『綴方教室』『馬』『細雪』『二十四の瞳』『浮雲』『喜びも悲しみも幾歳月』『放浪記』など多数。七九年に女優を引退し、エッセイス

トとして活動。二〇一〇年没。

＊8　『はなれ瞽女おりん』
水上勉原作の同名小説の映画化作品。一九七七年公開。篠田正浩監督。主演岩下志麻。

＊9　門前の小僧
「門前の小僧習わぬ経を読む」ということわざ。普段見聞きしていると、いつの間にかそれを学び知ってしまうこと。

＊10　中谷襄水
薩摩琵琶奏者。一九七八年、薩摩琵琶錦心流六代目の会長に就任。八九年没。樹木の妹・昌子は荒井姿水という名で父の跡を継いで琵琶奏者になり、その息子も荒井靖水として活動中。

＊11　チャールズ・チャップリン
俳優・映画監督・コメディアン。一八八九年、イギリス・ロンドン生まれ。一九〇八年、フレッド・カーノー劇団に入り、若手看板俳優に。アメリカのキーストン社に入社し、一四年、『成功争ひ』で映画デビュー。チャップリン演じる浮浪者が繰り広げるドタバタコメディは人気を博した。五二年、赤狩りでアメリカより追放され、晩年をスイスで過ごす。七二年、アカデミー名誉賞に選ばれ、二十年ぶりに渡米。代表作に『キッド』『巴里の女性』『黄金狂時代』『サーカス』『街の灯』『モダン・タイムス』『独裁者』『殺人狂時代』『ライムライト』など。七七年没。

＊12　俳優座
一九四四年、小沢栄太郎、千田是也、東野英治郎、東山千栄子などによって設立。「文学座」「劇団民藝」と並び、日本を代表する新劇団のひとつ。

＊13　劇団民藝
東京芸術劇場にいた滝沢修が中心となって、新協劇団にいた宇野重吉、北林谷栄が参加して結成された「民衆芸術劇場」を前身とし、一九五〇年に創立。

＊14　『屋根の上のヴァイオリン弾き』
ショーレム・アレイヘムの短篇小説『牛乳屋テヴィエ』を原作とした、一九六四年のアメリカのミュージカル。日本では六七年、東京・帝国劇場で初演され、テヴィエ役は八六年まで九百回にわたって森繁久彌が務めた。

＊15　長田弘
詩人・児童文学作家。一九三九年、

福島県生まれ。早稲田大学第一文学部在学中の六〇年、詩誌『鳥』を創刊。六五年、詩集『われら新鮮な旅人』でデビュー。児童向けの散文詩集『深呼吸の必要』がロングセラーに。評論、エッセイなども執筆。代表作に『私の二十世紀書店』『心の中にもっている問題』『記憶のつくり方』『森の絵本』『幸いなるかな本を読む人』『世界はうつくしいと』『奇跡―ミラクル―』など。二〇一五年没。対談集『問う力』に是枝との対談が収録。

＊16　萩本欽一
コメディアン・タレント。一九四一年、東京生まれ。駒込高校卒業後に東洋劇場に入団。同系列の浅草フランス座へと出向してストリップの幕間コントで腕を磨く。ここで専属コメディアン・安藤ロール（のちの坂上二郎）と知り合う。六六年、坂上二郎とコント55号を結成。フジテレビの公開生放送『お昼のゴールデンショー』で人気爆発。コント55号として数多くのレギュラー番組を抱えた。七一年、『スター誕生！』の初代司会者でソロ活動開始。翌年にはラジオ番組『欽ちゃんのドンといってみよう!!』が開始。七五年より公開テレビ番組『欽ちゃんのドンとやってみよう！』がスタート。代表作に『オールスター家族対抗歌合戦』『欽ドン！良い子悪い子普通の子』『欽ちゃんのどこまでやるの!?』『欽ちゃんの週刊欽曜日』『ぴったしカン・カン』など。

＊17　遊びをせんとや生まれけむ
平安時代末期に編まれた歌謡集『梁塵秘抄』におさめられた童心の歌の一節。「遊びをせんとや生まれけむ戯れせんとや生まれけん遊ぶ子供の声きけば我が身さへこそ動がるれ（遊びをしようとして生まれてきたのであろうか。あるいは戯《たわむ》れをしようとして生まれてきたのであろうか。無邪気に遊んでいる子どものはしゃぐ声を聞くと、大人である私の身体までもがそれにつられて自然に動き出してしまいそうだ）」。久世光彦は『オール讀物』で「遊びをせんとや生まれけむ」というエッセイを連載、同タイトルの遺稿集が二〇〇九年に刊行された。

＊18　川崎徹
CMディレクター。一九四八年、東京都生まれ。早稲田大学政治経済学部を卒業し、電通映画社に入社。キンチョールの「トンデレラ、シンデレラ」や「ハエハエカカカ キンチョール」、富士フイルム「それなりに」、サントリー「生樽」など数々の流行語を生み出すヒットCMを制作。八〇年代には糸井重里や仲畑貴

志などと並び、広告ブームの立役者となる。小説『猫の水につかるカエル』など著作も多数。

＊19　研ナオコ
歌手・コメディエンヌ。一九五三年、静岡県生まれ。七一年、東宝レコードの第一歌手として「大都会のやさぐれ女」でデビュー。七六年の「あばよ」がヒットし、日本レコード大賞歌唱賞を受賞。代表作に「かもめはかもめ」「夏をあきらめて」「泣かせて」など。歌手として活動するだけでなく、数多くのCMやバラエティ番組にも出演している。

＊20　『大遺言書』
二〇〇三年、新潮社より刊行。シリーズ第一作。

＊21　『夢であいましょう』
NHKで一九六一～六六年まで放送されたバラエティ番組。各回テーマが設けられ、これに沿ったショートコントで進行し、合間に踊りやジャズ演奏、外国曲の歌唱などが挿入された。「上を向いて歩こう」「遠くへ行きたい」「こんにちは赤ちゃん」など数々のヒット曲も生まれた。

＊22　田中角栄
政治家。一九一八年、新潟県生まれ。七二～七四年、第六十四・六十五代内閣総理大臣を務める。九三年没。

＊23　舌禍事件
第2章の＊15に同じ。

＊24　鴨下信一
演出家・テレビプロデューサー。一九三五年、東京生まれ。東京大学文学部卒業後、ラジオ東京に入社。『岸辺のアルバム』『ふぞろいの林檎たち』を演出した。代表作に『おんなの家』『想い出づくり。』『妻たちの鹿鳴館』『高校教師』『カミさんの悪口』『理想の上司』など。舞台にも活躍の場を広げ、白石加代子による「百物語シリーズ」なども演出している。

＊25　『小早川家の秋』
小津安二郎監督による一九六一年公開の映画。小津が東宝から招聘され監督した唯一の作品であり、森繁久彌、小林桂樹、藤木悠、山茶花究、新珠三千代、団令子など当時大ヒットしていた『社長シリーズ』の個性的な東宝専属俳優が総出演している。小津は森繁や山茶花などアドリブ芝居を得意とする俳優を好まず、ふたりが小津に対して演出について の文句を言ったとき、「軽演劇の芝居は要らない」と怒鳴ったという。

＊26　ザ・スパイダース
一九六一年、田辺昭知が結成した、グループ・サウンズのバンド。代表曲に「夕陽が泣いている」「なんとなくなんとなく」「あの時君は若かった」など。堺正章、井上順、かまやつひろしの三人を中心に繰り広げられる軽妙なやりとりでも人気を博した。

＊27　ウルトラマン
『時間ですよ』第三シリーズで登場。堺正章演じる「健ちゃん」が窮地に立ち、「そうだ！　ウルトラマンを呼ぼう！」と叫ぶと実際にウルトラマンが空からやってくるというナンセンスなギャグが番組の呼び物となった。

＊28　梶芽衣子
女優・歌手。一九四七年、東京都生まれ。六五年、映画『悲しき別れの歌』でデビュー。代表作に『日本残俠伝』『野良猫ロックシリーズ』『女囚さそりシリーズ』『仁義なき戦い広島死闘篇』『修羅雪姫シリーズ』『大地の子守歌』『曽根崎心中』など。梶は『寺内貫太郎一家』の長女役を依頼されたとき、「『女囚さそりシリーズ』のような暗いものをやった直後にホームドラマを引き受ける勇気はない」と断ったが、演出家の久世光彦が「あの娘の役に明るい太陽は要らない。（父親が石を落としたことが原因で足が不自由になった役だから）少し翳がないと困るんだ」と説得されたという。

＊29　西城秀樹
歌手・俳優。一九五五年、広島県生まれ。七二年、シングル「恋する季節」でデビュー。代表作に「情熱の嵐」「愛の十字架」「傷だらけのローラ」「YOUNG MAN(Y.M.C.A.)」「ギャランドゥ」など多数。七四年、『寺内貫太郎一家』に長男役で出演。演出家の久世光彦が「本気でやれ！」と命じた、小林亜星演じる父親との取っ組み合いは名物シーンとなった。一度、縁側に突き落とされ、腕の骨を折り、翌々日にギプスをはめてきた西城を久世は撮影。庭に転がり落ちた長男が這い上がってくると、なぜかすでにギプスをしているというナンセンスなシーンになったという。二〇一八年没。

＊30　浅田美代子
女優・タレント。一九五六年、東京都生まれ。高校二年時にスカウトされ、『時間ですよ』第三シリーズの新人オーディションで二万五千人の中から選ばれる。お手伝いのミヨちゃん役でデビューし、星空を見上げながら歌う「赤い風船」は一年で五十万枚近くを売り上げた。七七年に

吉田拓郎と結婚、芸能界を引退し主婦業に専念。八三年に離婚し、芸能活動を再開。代表作にドラマ『寺内貫太郎一家』、映画『釣りバカ日誌シリーズ』など。二〇一九年、樹木の最初で最後の企画、映画『エリカ38』で四十五年ぶりの主演を果たした。

＊31　伊東四朗
俳優・コメディアン・タレント。一九三七年、東京生まれ。喜劇役者・石井均の一座に参加。六一年、三波伸介、戸塚睦夫とともに「ぐうたらトリオ」を結成（翌年、「てんぷくトリオ」に改名）。七五年以降、『みごろ！たべごろ！笑いごろ！』での親子コントや電線音頭などで人気に。七七年、テレビドラマ『ムー』で渡辺美佐子の夫役を演じて人気を博す。八三年、ＮＨＫ連続テレビ小説『おしん』に父親役で出演。以後、活動の中心が俳優業に。代表作にドラマ『十津川警部シリーズ』『銭形平次』、映画『マルサの女』『ミンボーの女』、バラエティ『伊東家の食卓』など多数。

＊32　郷ひろみ
歌手・俳優。一九五五年、福岡県生まれ。七一年、ジャニーズ事務所に所属。七二年、ＮＨＫ大河ドラマ『新・平家物語』で俳優デビュー。同年のデビュー曲「男の子女の子」が日本レコード大賞新人賞を受賞。七七年、テレビドラマ『ムー』に出演。翌年の『ムー一族』の挿入歌「林檎殺人事件」が『ザ・ベストテン』で自身初の第一位に。代表作に「よろしく哀愁」「お嫁サンバ」「哀愁のカサブランカ」「2億4千万の瞳」「言えないよ」「逢いたくてしかたない」など。

＊33　天地真理
歌手。一九五一年、埼玉県生まれ。七一年、『時間ですよ』第二シリーズでの銭湯従業員役のオーディションを受けたが、最終審査で不合格。主演の森光子が演出家の久世光彦に新登場人物として出演させることを提案し、健ちゃん（堺正章）がひたすら憧れる「隣のマリちゃん」として登場し、脚光を浴びた。同年、シングル「水色の恋」でデビュー。代表作に「ひとりじゃないの」「虹をわたって」「若葉のささやき」「恋と海とTシャツと」など。

＊34　岸本加世子
女優。一九六〇年、静岡県生まれ。七六年、スカウトされて芸映に加入。七七年、ドラマ『ムー』でデビューし、アイドルタレントとして一世を風靡した。代表作にドラマ『真夜中のヒーロー』『アナウンサーぷ

っつん物語』『だいすき!!』、映画『HANA-BI』『菊次郎の夏』など。

＊35　「林檎殺人事件」
一九七八年に発売された、郷ひろみの二十七枚目のシングル。「お化けのロック」に続く樹木とのデュエット曲。『ザ・ベストテン』では四週連続一位に輝き、三週目の一位となった放送時には司会の久米宏、黒柳徹子と同じ衣装で登場したが、これは樹木の提案によるものだった。

＊36　『8時だョ!全員集合』
一九六九年〜八五年までTBS系列で放送されたバラエティ番組。ザ・ドリフターズによるコント、ゲスト出演者による歌唱、体操あるいは合唱団などによるショートコントが主な構成で、基本的には公開生放送だった。演出家の久世光彦はドラマに喜劇要素を取り入れるため、自らこの大人気バラエティ番組の門を叩き、コントコーナーの演出を数回担当している。

＊37　福山雅治
シンガーソングライター・俳優。一九六九年、長崎県生まれ。九三年、ドラマ『ひとつ屋根の下』に出演し、全国区に。ドラマ出演作に『龍馬伝』『ガリレオ』シリーズなど。是枝作品では『そして父になる』『三度目の殺人』で主演。

＊38　吉田拓郎
シンガーソングライター・作曲家。一九四六年、鹿児島県生まれ。七一年、「結婚しようよ」が大ヒットし、四十万枚を売り上げる。代表曲に「旅の宿」「唇をかみしめて」「夏休み」「落陽」「外は白い雪の夜」など多数。楽曲提供は、森進一「襟裳岬」、かまやつひろし「我が良き友よ」、森山良子「歌ってよ夕陽の歌を」、キャンディーズ「やさしい悪魔」、石野真子「狼なんか怖くない」など多数。浅田美代子との結婚は、七七年〜八三年で終わった。

＊39　『あべこべ』
二〇〇二年、文藝春秋より刊行された幻想連作短篇集。

＊40　エジプト
『ムー一族』の第二十六・二十七回はエジプトでロケを行っている。

＊41　『センセイの鞄』
二〇〇三年二月十六日、WOWOWの「ドラマW」第一作として放送。原作は川上弘美の同名小説。第四十回ギャラクシー賞選奨、文化庁芸術祭優秀賞など、受賞多数。地上波では〇四年にフジテレビで放送。

＊42　柄本明
俳優。一九四八年、東京都生まれ。妻は角替和枝、息子は柄本佑、柄本時生、義娘は安藤サクラ。七四年に参加した「自由劇場」を退団し、ベンガル、綾田俊樹とともに「劇団東京乾電池」を結成。特異な容貌と独特の存在感で、シリアスな役柄からコミカルな人物まで演じる。是枝作品では『幻の光』『万引き家族』に出演。

＊43　小泉今日子
女優・歌手。一九六六年、神奈川県生まれ。八二年、シングル「私の16才」でデビュー。「渚のハイカラ人魚」「ヤマトナデシコ七変化」「なんてったってアイドル」などのヒット曲をもち、主演ドラマ『あんみつ姫』で女優としても話題に。映画の代表作に『生徒諸君！』『風花』『空中庭園』『グーグーだって猫である』『トウキョウソナタ』『毎日かあさん』『食べる女』など。

＊44　桃井かおり
女優。一九五一年、東京都生まれ。七五年、倉本聰脚本のテレビドラマ『前略おふくろ様』の海役が当たり役となりブレイク。代表作に『幸福の黄色いハンカチ』『もう頬づえはつかない』『東京夜曲』『SAYURI』『魔法の着物』など。

＊45　小林薫
俳優。一九五一年、京都府生まれ。唐十郎主宰の「状況劇場」を経て、演技派俳優として映画やドラマで活躍。代表作にドラマ『イキのいい奴』『キツイ奴ら』『丘の上の向日葵』『深夜食堂』『カーネーション』など、映画『それから』『ウンタマギルー』『秘密』『夏の終り』など。

＊46　西川美和
映画監督・小説家。一九七四年、広島県生まれ。早稲田大学第一文学部を卒業後、是枝の映画『ワンダフルライフ』にフリーのスタッフとして参加。二〇〇二年、自作脚本のブラックコメディ『蛇イチゴ』で監督デビューし、数々の国内映画賞新人賞を受賞。代表作に『ゆれる』『ディア・ドクター』『夢売るふたり』『永い言い訳』など。小説『きのうの神さま』が直木賞候補に、『永い言い訳』が山本周五郎賞と直木賞の候補となる。

＊47　『冬の運動会』
TBSの「木下恵介・人間の歌シリーズ」枠で一九七七年に放送。出演は木村功、いしだあゆみ、根津甚八、加藤治子など。八五年、シナリオ集として新潮文庫より刊行。

＊48　『向田邦子の恋文』
TBSで「テレビ50年ドラマ特別企画」として、二〇〇四年一月二日に放送されたドラマ。原作は向田邦子が生前に残した手紙をもとに妹・和子が書いた同名エッセイ。出演は山口智子、岸部一徳、藤村志保など。

＊49　山口智子
女優。一九六四年、栃木県生まれ。八六年、東レキャンペーンガールでデビュー。八八年、NHK連続テレビ小説『純ちゃんの応援歌』でヒロインを務める。代表作にドラマ『もう誰も愛さない』『29歳のクリスマス』『ロングバケーション』『向田邦子の恋文』『ハロー張りネズミ』『監察医 朝顔』など。是枝作品では『ゴーイング マイ ホーム』で主演の良多（阿部寛）の妻を演じている。

＊50　恋人
向田邦子には十三歳年上のカメラマンの恋人がいたが、妻帯者だったため、二十代後半で一度は自ら距離をおいた。その後、付き合いが復活。向田は生活が荒れていく恋人を精神的のみならず経済的にも支えていたが、恋人は自ら命を絶った。

＊51　齋藤史
歌人。一九〇九年、東京生まれ。十七歳のとき、若山牧水に勧められて作歌を始める。三一年、前川佐美雄らと『短歌作品』を創刊。三六年の二・二六事件では父を通じて親交があった青年将校の多くが刑死し、この経験がその後の文学的テーマとなる。四〇年、第一歌集『魚歌』を発表。九三年、女性歌人として初めて日本藝術院会員となる。九七年、『齋藤史全歌集』にて第二十回現代短歌大賞、翌年には紫式部文学賞を受賞。二〇〇二年没。

＊52　『ひたくれなゐ』
一九七六年、不識書院より刊行。第十一回迢空賞（短歌界で最も権威ある賞）を受賞。

＊53　箭内道彦
クリエイター。一九六四年、福島県生まれ。九〇年に東京藝術大学を卒業後、博報堂を経て、『風とロック』を設立。主な仕事にタワーレコード「NO MUSIC, NO LIFE」キャンペーン、リクルート「ゼクシィ」、サントリー「ほろよい」、グリコ「ビスコ」など。地元福島の復興に尽力中。現在、東京藝術大学美術学部デザイン科教授も務める。

＊54　『月刊 風とロック』
二〇〇五年四月～一三年九月まで月刊で刊行されていたフリーペーパー。全国のタワーレコードで配布。なお、一三年四月号の特集は「樹木

希林」、九月号の特集は「福山雅治&リリー・フランキー&是枝裕和」。一三年以降は不定期刊行中。

＊55　『陛下』
一九九六年、新潮社より刊行。

＊56　二・二六事件
一九三六年二月二十六日～二十九日にかけて、皇道派の影響を受けた陸軍青年将校らが千四百八十三名の下士官兵を率いて起こしたクーデター未遂事件。

＊57　小林竜雄
脚本家・評論家。一九五二年、東京都生まれ。早稲田大学卒業。七八年、脚本「もっとしなやかに　もっとしたたかに」で城戸賞に準入賞。翌年、藤田敏八監督によって映画化される。主な脚本作品に映画『ホワイト・ラブ』『もう頬づえはつかない』など、ドラマ『アイコ16歳』『オトコの居場所』など。著書に『向田邦子の全ドラマ　謎をめぐる12章』『向田邦子恋のすべて』など。

＊58　『久世光彦vs.向田邦子』
二〇〇九年、朝日新聞出版より刊行。

＊59　坂東玉三郎
歌舞伎役者・映画監督・演出家。一九五〇年、東京都生まれ。五七年、『菅原伝授手習鑑・寺子屋』の小太郎で初舞台。六四年、十四代目勘弥の芸養子となり、五代目坂東玉三郎を襲名。『鳴神』の雲絶間姫、『義経千本櫻』の静御前、『助六由縁江戸櫻』の揚巻など当たり役多数。八四年、ニューヨークのメトロポリタン歌劇場百周年記念公演に招聘される。九一年、映画『外科室』を初監督。二〇一二年、重要無形文化財保持者（人間国宝）に認定。

＊60　『夢の女』
坂東玉三郎監督による一九九三年公開の映画。原作は永井荷風の同名小説。

＊61　篠山紀信
写真家。一九四〇年、東京生まれ。日本大学藝術学部写真学科に入学。在学中の六一年にライトパブリシティに就職し、APA賞など数々の賞を受賞。主な写真集に『女形・玉三郎』『家』『晴れた日』『激写・１３５人の女ともだち』『百恵』『Santa Fe（宮沢りえ写真集）』『ＴＯＫＹＯ未来世紀』『完全保存版　ザ歌舞伎座』など。五代目坂東玉三郎を三十年以上、撮り続けている。

＊62　『ツィゴイネルワイゼン』
鈴木清順監督による一九八〇年公開の映画。

＊63　夜樹社
樹木の個人事務所名。大楠道代や岸部一徳も所属していた。岸部の所属は久世光彦の紹介によるもので、「一徳」は樹木の命名だった。

＊64　大楠道代
女優。一九四六年、天津市生まれ。六四年、日活にスカウトされ、吉永小百合主演の映画『風と樹と空と』でデビュー。六七年、『痴人の愛』でナオミ役を演じたことをきっかけに、演技派女優に。『悪名シリーズ』『兵隊やくざシリーズ』で勝新太郎の相手役を演じる。代表作に『処女が見た』『金環蝕』『ツィゴイネルワイゼン』『陽炎座』『鉄拳』『夢二』『顔』『空中庭園』『大鹿村騒動記』など。

＊65　田中陽造
脚本家。一九三九年、東京生まれ。早稲田大学卒業後、日活に入社し、鈴木清順監督を中心とした脚本チーム「具流八郎」に参加。日活ロマンポルノの全盛期を支える。代表作に『殺しの烙印』『花と蛇』『嗚呼‼花の応援団』『地獄』『ツィゴイネルワイゼン』『セーラー服と機関銃』『上海バンスキング』『雪の断章―情熱―』『キャバレー』『夢二』『居酒屋ゆうれい』『夏の庭 The Friends』『ヴィヨンの妻 ～桜桃とタンポポ～』『最後の忠臣蔵』など。

＊66　金嬉老事件
一九六八年二月、在日朝鮮人金嬉老が暴力団員を射殺したのち、寸又峡温泉の旅館に宿泊客を人質にとって立て籠り、民族差別を告発した事件。金は逮捕され、裁判で無期懲役が確定。九九年、仮釈放、韓国に出国。

＊67　『金（キム）の戦争 ライフル魔殺人事件』
フジテレビ系で放送された「実録犯罪史シリーズ」の第一作。一九九一年放送。原作は本田靖春の『私戦』で、早坂暁が脚本を担当している。

＊68　ビートたけし
お笑い・俳優・映画監督。一九四七年、東京都生まれ。八三年、大島渚監督の映画『戦場のメリークリスマス』で粗暴な軍曹を好演。主演映画に『血と骨』『女が眠る時』。テレビドラマで実在の人物を演じることが多く、大久保清、山口組三代目組長、東条英機、立川談志などを演じている。

＊69　榎本健一
俳優・歌手・コメディアン。一九〇四年、東京生まれ。一九年、浅草・金龍館にて初舞台。ジャズシンガー

の二村定一と「ピエル・ブリヤント（のちのエノケン一座）」を旗揚げして人気者に。トーキー映画『エノケン青春酔虎伝』がヒット。「日本の喜劇王」と称された。代表作に『エノケンのびっくりしゃっくり時代』『歌うエノケン捕物帖』『エノケン・笠置のお染久松』など。映画演劇研究所を開設して、後進の育成指導にも努めた。七〇年没。

＊70　加藤道夫
劇作家。一九一八年、福岡県生まれ。女優・加藤治子の夫。慶應義塾大学在学中、芥川比呂志らと「新演劇研究会」を結成し、劇作や戯曲翻訳を始める。四四年、代表作『なよたけ』を脱稿。四九年より文学座座員の傍ら、慶應義塾大学の講師も務める。カミュやミュッセの翻訳、ジャン・ジロドゥ研究や演劇研究に没頭するも、五三年、三十五歳の若さで自死。

＊71　三島由紀夫
小説家・劇作家。一九二五年、東京生まれ。四一年、中等科五年で小説「花ざかりの森」を書き上げ、『文藝文化』で連載。代表作は、小説に『仮面の告白』『愛の渇き』『潮騒』『金閣寺』『鏡子の家』『午後の曳航』『豊饒の海』、戯曲に『近代能楽集』『鹿鳴館』『サド侯爵夫人』など。晩年、民兵組織「楯の会」を結成し、七〇年十一月二十五日、自衛隊市ヶ谷駐屯地にてクーデターを促す演説をしたのち、割腹自殺を遂げた。享年四十五。

＊72　山﨑努
俳優。一九三六年、千葉県生まれ。六〇年、『大学の山賊たち』で映画デビュー。六三年、黒澤明監督『天国と地獄』で誘拐犯を演じ、一躍注目を浴びる。代表作に映画『赤ひげ』『影武者』『マルサの女』『GO』『クライマーズ・ハイ』など、テレビ『必殺シリーズ』など。

＊73　松田優作
俳優。一九四九年、山口県生まれ。七二年、文学座付属演技研究所十二期生となり、役者に専念するために大学に退学届を出す。翌年、刑事ドラマ『太陽にほえろ！』にジーパン刑事としてレギュラー出演、『狼の紋章』にて映画初出演。代表作に映画『人間の証明』『蘇える金狼』『野獣死すべし』『陽炎座』『家族ゲーム』『探偵物語』『それから』『ブラック・レイン』など、ドラマ『俺たちの勲章』『探偵物語』『熱帯夜』『華麗なる追跡 THE CHASER』など。八九年、四十歳で没。

＊74　『時間ですよ　昭和元年』

TBSで一九七四〜七五年まで放送（全二十六回）。キャストがほぼ一新、舞台も東京・湯島の銭湯「亀乃湯」に変更。樹木は森光子演じる「亀乃湯」の女将の姑を演じている。

＊75『ひとりのおんな』
一九九二年、福武書店より刊行。

＊76『天国の父ちゃんこんにちは』
TBSの「東芝日曜劇場」枠で一九六六年〜七八年まで不定期放送。夫亡きあと、ふたりの子どもを育てながら、パンツの行商をしてたくましく生きる女性を描く。

＊77『ひと恋しくて―余白の多い住所録』
一九九四年、中央公論社より刊行。九八年、同社より文庫化。

＊78『父の詫び状』
一九七八年、文藝春秋より刊行。二〇〇五年、同社より新装版として文庫化。

＊79『せい子宙太郎―忍宿借夫婦巷談』
TBSで一九七七〜七八年まで放送。会社が倒産し、東京・神田の葬儀屋に住み込みで働く宙太郎（小林桂樹）とせい子（森光子）の物語。

＊80『男はつらいよ フーテンの寅』
森﨑東監督による一九七〇年公開の映画。シリーズ第一、二作を監督した山田洋次は本作で脚本のみ担当、第五作から監督に復帰した。

＊81　森﨑東
脚本家・映画監督。一九二七年、長崎県生まれ。京都大学法学部を卒業後、五六年、松竹京都撮影所に入社。六五年、松竹大船撮影所に移籍し、山田洋次監督らの助監督・脚本を手掛ける。六九年、『喜劇 女は度胸』で監督デビュー。主な監督作に『野良犬』『時代屋の女房』『塀の中の懲りない面々』『美味しんぼ』『ペコロスの母に会いに行く』など。監督・脚本作品に『ロケーション』『生きてるうちが花なのよ死んだらそれまでよ党宣言』『ニワトリはハダシだ』など。

＊82『おもろい夫婦』
フジテレビで一九六六〜六七年（全二十六回）に放送。六三年公開の、天才落語家・三遊亭歌笑の悲喜こもごもの一生を描いた映画『おかしな奴』の設定のドラマ化。何をやらせてもへまばかりの男（渥美清）が、妻（中村玉緒）の愛に支えられながら立派な落語家へと成長していく。視聴率が三十パーセントを超える人気ドラマとなったことで、山田洋次

と次回作の企画を練ることになり、テキヤの「車寅次郎」――『男はつらいよ』シリーズが誕生した。

＊83　フランキー堺
俳優。一九二九年、鹿児島県生まれ。慶応義塾大学法学部在学中より進駐軍のキャンプでジャズドラマーとして活躍。五四年、「フランキー堺とシティ・スリッカーズ」を結成。のち映画に進出した。代表作に『丹下左膳シリーズ』『幕末太陽傳』『私は貝になりたい』『モスラ』『社長シリーズ』『駅前シリーズ』『写楽』など。九六年没。

＊84　高倉健
俳優。一九三一年、福岡県生まれ。五五年、東映ニューフェイス第二期生として東映へ入社。翌年、映画『電光空手打ち』で主演デビュー。代表作に『日本侠客伝シリーズ』『網走番外地シリーズ』『昭和残侠伝シリーズ』『八甲田山』『幸福の黄色いハンカチ』『駅 STATION』『ブラック・レイン』『あなたへ』など。二〇一四年没。

＊85　『これから～海辺の旅人たち～』
フジテレビで一九九三年に放送。妻と離婚し、定年を機に海辺の老人ホームに入居した男（高倉健）は、ここを「終の棲家」とするさまざまな居住者になかなか馴染めず……。誰にでも訪れる〝老い〟を描いたドラマ。

＊86　勝新太郎
俳優。一九三一年、東京生まれ。二十三歳で大映京都撮影所と契約、五四年『花の白虎隊』でデビュー。六七年に勝プロダクションを設立し、自ら映画製作に乗り出した。代表作に『忠臣蔵』『悪名シリーズ』『座頭市シリーズ』『兵隊やくざシリーズ』『無法松の一生』『人斬り』『迷走地図』『帝都物語』など。テレビドラマ、舞台でも活躍した。九七年没。

＊87　『続・酔いどれ博士』
井上昭監督による一九六六年公開の映画。新藤兼人が自身の原作を脚色。ドヤ街を舞台に勝新太郎演じる医者が騒動に巻き込まれ、大暴れする。樹木は清川虹子演じる売春組織SX貿易商会社長の片腕で、小説家を志す処女を演じている。

＊88　『影武者』
黒澤明監督による一九八〇年公開の映画。戦国時代に小泥棒が武田信玄の影武者として生きる運命を背負わされた悲喜劇を描く。カンヌ国際映画祭でパルム・ドール（最高賞）を

受賞、当時の日本映画の歴代映画興行成績一位を記録した。当初主演に起用されていた勝新太郎は、撮影開始後に黒澤と衝突し、降板。『乱』（八五年公開）の主演が内定していた仲代達矢が代役として起用された。

＊89　仲代達矢
俳優・「無名塾」主宰。一九三二年、東京生まれ。五二年、俳優座養成所に入所。五六年、映画『火の鳥』でデビュー。七五年に「無名塾」を創立し、後進の養成を開始。俳優座・無名塾で多くのシェイクスピア作品に主演。代表作に映画『人間の條件』『野獣死すべし』『用心棒』『椿三十郎』『天国と地獄』『華麗なる一族』『金環蝕』『不毛地帯』『影武者』『二百三高地』『鬼龍院花子の生涯』『春との旅』『海辺のリア』など多数。

＊90　『座頭市』
勝新太郎監督・脚本・主演による一九八九年公開の映画。殺陣のリハーサルで死亡事故が起きるなど製作が危ぶまれたが、公開されるや大ヒットした。

＊91　樋口可南子
女優。一九五八年、新潟県生まれ。二十歳で『ポーラテレビ小説・こおろぎ橋』で主演デビュー。八〇年、『戒厳令の夜』で映画に初出演。代表作に映画『卍』『ベッドタイムアイズ』『阿弥陀堂だより』『明日の記憶』など、ドラマ『早春スケッチブック』『ロマンス』『冬の運動会』『あ・うん』など。

＊92　田中邦衛
俳優。一九三二年、岐阜県生まれ。俳優座座員を経て、五七年、映画『純愛物語』に初出演。六一年、『大学の若大将』で若大将のライバルを好演し、『若大将シリーズ』のレギュラーに。一九八一年からスタートした『北の国から』の父親役で全国区に。代表作に映画『網走番外地シリーズ』『仁義なき戦いシリーズ』『学校』『最後の忠臣蔵』など。

＊93　『岡っ引どぶ』
フジテレビの「時代劇スペシャル」枠で一九八一〜八三年まで計六回放送。原作は柴田錬三郎の時代小説（『柴錬捕物帖　岡っ引どぶ』など）。九一年には連続ドラマとして放送された。樹木は、一度捕まったものの見逃してくれた岡っ引どぶ（田中邦衛）に惚れ、どこまでも付け回る女スリお仙を演じている。

＊94　六月劇場
一九六六年、「文学座」を退団した岸田森、悠木千帆、草野大悟の三

人、演出家の津野海太郎、劇作家の山元清多らで結成。津野によれば「六月劇場」の命名者は悠木千帆で、「昔から稽古事は六月六日に始める決まりになっているのよ」とのこと。ちなみに六月六日は是枝の誕生日でもある。

＊95　『あばよダチ公』
澤田幸弘監督による一九七四年公開の映画で、松田優作の初主演作。三年の刑期を終えて出所した猛夫（松田優作）は、マブダチの梅、雅、竜とともに大金を手に入れる作戦を次々に立てるのだが……。樹木は猛夫の姉・美津子役で出演。

＊96　萩原健一
俳優・歌手。一九五〇年、埼玉県生まれ。六七年、ザ・テンプターズのボーカリストとして「忘れ得ぬ君」でデビュー。「神様お願い」「エメラルドの伝説」などをヒットさせる。七二年、映画『約束』で俳優デビュー。同年のテレビドラマ『太陽にほえろ！』のマカロニ刑事役が人気に。代表作にドラマ『傷だらけの天使』『前略おふくろ様』『外科医柊又三郎』など、映画『股旅』『青春の蹉跌』『八つ墓村』『影武者』『誘拐報道』『恋文』『居酒屋ゆうれい』など。二〇一九年没。

＊97　『家族ゲーム』
森田芳光監督による一九八三年公開の映画。原作は本間洋平の同名小説。主演の松田優作は本作と続く『探偵物語』の好演で一躍評価を高めた。

＊98　『前略おふくろ様』
日本テレビ系列の「金曜劇場」枠で一九七五〜七六年（全二十六回）、および七六〜七七年（全二十四回）に放送。倉本聰原案による東京の下町・深川を舞台にした、照れ屋な板前の青年（萩原健一）と周囲の人々との触れ合いを描く。

＊99　『傷だらけの天使』
日本テレビ系列で一九七四〜七五年に放送（全二十六回）。出演は萩原健一と水谷豊。探偵事務所の下働きをする若者二人を主人公とする犯罪ドラマ。

＊100　劇団雲
一九六三年、芥川比呂志以下、「文学座」の中堅・若手劇団員約三十名が退団し、評論家の福田恆存と財団法人「現代演劇協会」を設立、協会傘下の劇団として創設された。七五年分裂解散。「演劇集団円」と「劇団昴」が発足した。

＊101　岸田今日子
女優・声優。一九三〇年、東京生まれ。父は劇作家で文学座創設者の岸田國士、従兄弟に俳優・岸田森がいる。自由学園卒業後に「文学座」の研修生に。五三年、『にごりえ』で映画デビュー。六三年、芥川比呂志らとともに「文学座」を脱退。「劇団雲」を経て、七五年「演劇集団円」の設立に参加。代表作に映画『破戒』『砂の女』『犬神家の一族』など。二〇〇六年没。

＊102　岸田森
俳優・劇作家・演出家。一九三九年、東京生まれ。六〇年、文学座付属演劇研究所に入所。六四年、悠木千帆と結婚（〜六八年まで）。翌年、「文学座」座員に昇格。六六年、悠木らと劇団「六月劇場」を結成。六八年、円谷プロによる特撮テレビドラマ『怪奇大作戦』で主演。代表作に映画『呪いの館 血を吸う眼』『歌麿 夢と知りせば』『黒薔薇昇天』『座頭市と用心棒』など、テレビドラマ『帰ってきたウルトラマン』『ファイヤーマン』『傷だらけの天使』『太陽戦隊サンバルカン』など。八二年没。

＊103　『探偵物語』
日本テレビ系列で一九七九〜八〇年に放送（全二十七回）。私立探偵の工藤俊作がさまざまな事件を捜査していく探偵ドラマで、主演の松田優作の代表作。樹木は第九話「惑星から来た少年」に出演。

＊104　草野大悟
俳優。一九三九年、台湾・台中市生まれ。六一年、文学座付属演劇研究所に入所。六六年に座員へと昇格。六七年、「六月劇場」に参加。舞台を中心に活躍する傍ら、岡本喜八、新藤兼人監督作や、勝プロ製作のテレビ・映画に数多く出演。九一年没。

第6章

「老醜」を晒す

2018年3月30日

於・渋谷　分福

AFP＝時事

このインタビューの前に「ちょっと」と別室に呼ばれて病院で渡されたPET《ペット》の画像を希林さんから見せられた。全身の骨にがんの転移を示す黒い点が散らばっていた。骨への転移はいままで定期的に行っていた重粒子線治療でもどうにもならない。

「そういうことなので、もう終活に入りますから、あなたとはやっぱり、この映画が最後ね」

余命は年内いっぱいがメドだろうと言われたらしい。希林さんはそう説明すると、サッパリとした表情で先に部屋を出ていった。インタビューを始めたはいいが、僕の頭の中はいまさっき見せられたPET画像でいっぱいで、何を質問したのか、希林さんがどう答えたのか、原稿が上がってくるまでまったく記憶が飛んでいた。

ただひとつ、

「監督の映画に出るのはこれで最後」

と繰り返されたときに、もうそれは受け入れなければいけない現実なのだと理解しつつ、「いやいや」などとあいまいに返すことしかできなかった自分の不甲斐なさに腹が立ったことだけは覚えていた。

当初の予定ではこの日、『万引き家族』だけではなく、もう少し話題を広げた質問を用意していて、ロングインタビューのしめくくりをするはずだったのだけれど、もうほとんど食事らしい食事をしていないという希林さんの声は明らかに二カ月前とは違って圧がなく、このまま喋ってもらうのは胸が痛み、途中で切り上げた。

「きれいだね」と「ありがとう」

樹木　『万引き家族』の構想は、神泉のラーメン屋で聞いたのよね。「あ、今度やるの？　じゃあ出るかなあ」とかいうぐらいだったけど。いまもそのラーメン屋に行ってきたの。

是枝　そうなんだ？　僕も意外とあの店、好きですよ。

樹木　うちの孫が好きでね。出汁をとってつくるきちんとしたラーメンなんだけど、なぜかラーメンとしての達成感がない（笑）。

是枝　確かに若手のスタッフを連れていくと、みんな「ちょっと物足らない」って言うんですよね。

樹木　そうでしょう？　歳をとってきてちょっと食欲もないけれど、なんか食べておかないと、というときにちょうどいいのよ。というか、そういう役者もいるよね、案外ね。使ってみたはいいけど、達成感がないというか、物足りないというか。

是枝　(笑)なるほど、そういう導入にもっていきましたか。

今日は『万引き家族』の話をしたいのですが、いつも脚本を希林さんにお渡しすると、「なんでこういう人がこの家にいるの？」とか「この人はこういう人じゃないんじゃない？」とか率直に訊かれるじゃないですか。それで僕は「あ、そうか。だとするとこの人はなぜここにいるんだろう」と、存在の必然性を考えて、脚本に反映させていく。それはいつものことではあるんだけど、今回の『万引き家族』は特にそういう側面が強かった。今回お願いした初枝という役も、もちろん初めから希林さんありきで書いているんだけど、希林さんのそのような率直な質問に答えを見出す形で、初枝の周りの人物造形が構築されていったというか。

だから、最初の脚本の段階はかなりフワッとした状態で、そのまま夏のシーンだけ先に撮っちゃったんですよね。
樹木　そうそう、夏に一家で海水浴に出かけるシーンね。
是枝　あのとき希林さんが撮影現場の待ち合わせ場所に来て、他の役者さんたちに「これ、撮るけど残らないかもしれないよ」と言っていて（笑）、「出てくれる人たちに、残らないシーンを撮る監督なんだと思われたら申し訳ないな」と内心焦っていました。あれは、最初は実景だけでも撮っておこうというつもりだったんです。この作品は一年の話だから、うまく季節感を出せるといいねということで制作部を説得した。でも、せっかくだから子どもたちを歩かせてみよう、それなら一家で海に行くところも撮ろう、という流れで、なしくずし的に撮らせてもらったんです。だから、実は僕もまだ映画の全体像が見えていなかった。
樹木　私たち役者も、ただ普通の家族ではないということだけはわかっていて、みんな漠然とした中で、お互いの顔を見ながら浜辺を歩いていたという感じでね。
是枝　だけど、撮らせてもらったことでいろんなものが見えてきて、そこを核にしながらその前後をつくっていくという作業になったので、結果的にはすごくよかった。その中でひとつ驚いたことがあって、あの海のシーンが今回の映画で最初の撮影だったけど、希林さんにとっては映画の中での最後の出演シーンなんです。

樹木　そう、そのあとにすぐ死んじゃうからね。生きている間では最後。

是枝　正直言うと、あの日、希林さんはちょっと体調が悪いのかなと思ったの。

樹木　悪かったよ。

是枝　やっぱり悪かった？

樹木　うん。悪いのに過酷な撮影だなあって（笑）。夏なのに寒くて、こんなに寒いってことはどういうことだろうと思っていた。みんなも寒がっていたけどね。

是枝　でも、最初にその死ぬ寸前の夏の海水浴を撮って、冬に入ってからそれまでのシーンを順番に撮っていくわけじゃないですか。編集でつないだときに、映画の中の初枝さんが、ある程度しゃきっとしているところから死に向かってすーっと影が薄くなっていく、その流れが見事にできているんです。

樹木　あの夏のシーンはまだわけがわかっていないから影が薄いのよ。

是枝　そういうこと？（笑）

樹木　要するに主体性がないからさ。（脚本がまだ固まっていなくて）何をするんだかわからないから、なんかホワーンとそこにいて、なんかカメラがこっちを向いているから、なんか

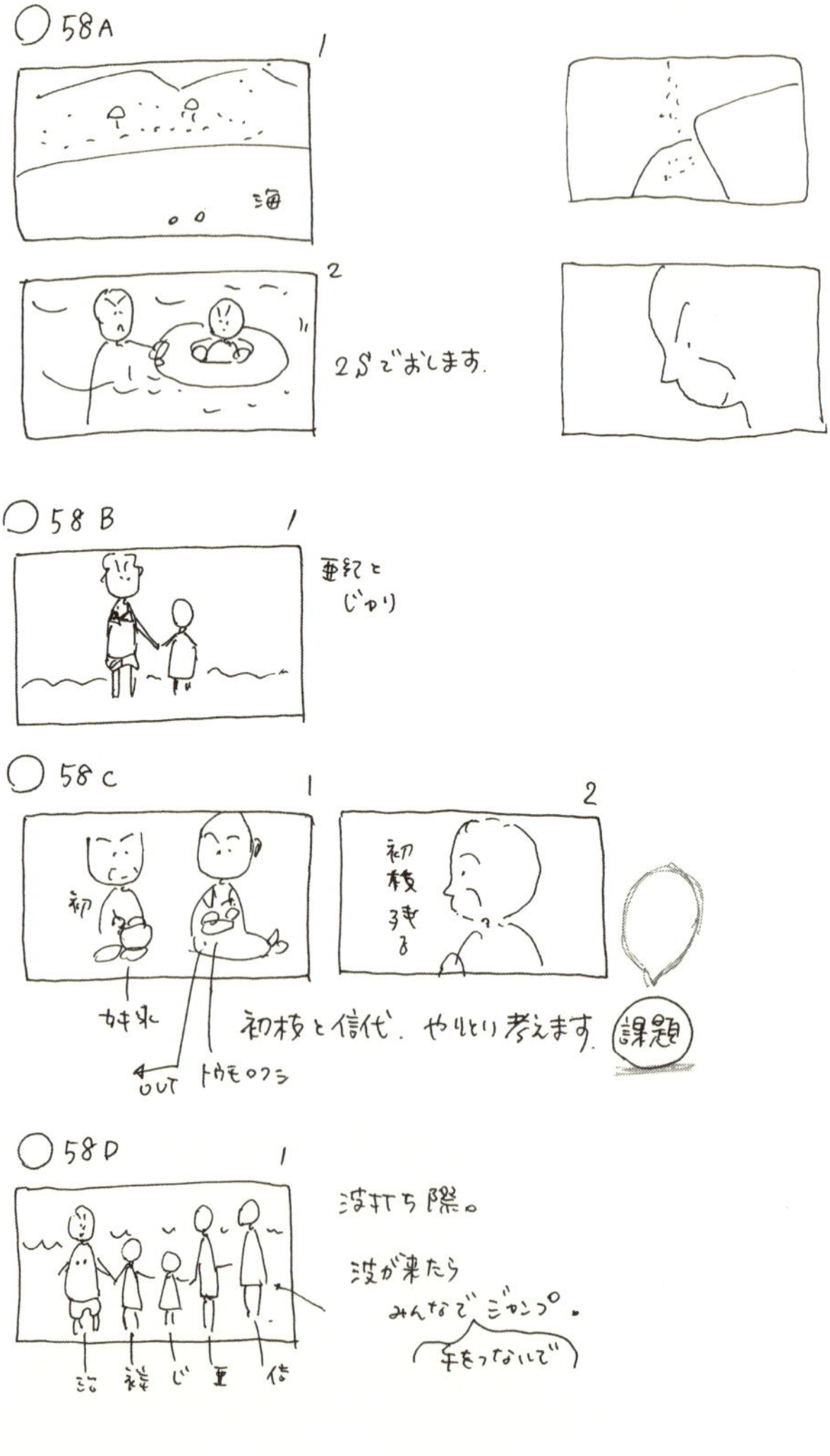
58A
1
海
2
2Sでおします。
58B
1
亜紀と
じゅり
58C
1
2
初
初枝残る
妹
OUT
トウモロコシ
初枝と信代、やりとり考えます。
課題
58D
1
波打ち際。
波が来たら
みんなでジャンプ。
手をつないで

言ってみようかな、ぐらいのことで。（安藤）[*1]サクラさんがツルンツルンの顔をして目の前にいるから、「お姉さん、よく見ると綺麗だね」って思わず言ってみた、とかさ。

是枝　今日はそのことをまず聞きたかったんです。あの台詞は僕が書いた脚本にはないんです。でも希林さんはふっとそう言うじゃないですか。どうしてそう言ったんですか？

樹木　本当にそう思ったのよ。夏の光と、あの肌の綺麗さと、着ているものはとんでもないし、食べているもの（トウモロコシ）もその食べ方もとんでもないけど、「綺麗だねえ、お姉さん、よく見ると綺麗な顔してるねえ」ってちょっと言ってみたくなった。それで思わず口にしてみたら、サクラさんがどうやって返していいかわからないという顔をして。あれがいいなあと。

是枝　でもこの映画を観終わると「安藤サクラってよく見ると綺麗かもしれない」とみんな思うような映画になっている。

樹木　そう思うよ。

是枝　希林さんはなぜそれを予見するようなことを言ったのか。希林さんは「本当にそう思っただけ」と言うけど、それだけではない気がして。

樹木　そんなに深いものはないなあ。

是枝　そう？（笑）でも、あの台詞があったおかげで、僕は脚本で、初枝が顔にこだわるエピソードをいくつか足したし、サクラさんをどう綺麗に撮るかという演出の方向性まで決まったようなところがあった。

樹木　それならよかった。いや、本当に綺麗だと、そう思っただけ。

是枝　でも、それを母性と呼んでいいのかわからないけれど、サクラさんが演じた〝子を産んだことのない信代〟がひとりの女の子を引き取ったことで、すごく表情が柔らかくなっていったんです。どこかの時点からかそれを神々しいなと思って撮っていました。その起点になったのが、あの夏のシーンの希林さんの台詞なんです。

樹木　神々しいということで言えば、夫役を演じたリリーさんとサクラさんのラブシーン。土砂降りの雨が降ってきて、外で遊んでいた子どもたちが「何やってたの？」と家に駆け込んでくる。その子どもたちにタオルをふわっとかぶせて誤魔化す。そういう形で日常をさっと見せられて、みんな上手いなあ、いいシーンだなあと思いながら見ていました。また普通の映画だったらもう少し裸を隠したり、カメラも遠慮したりするけれど、ふたりとも「スタッフに見えたって構いやしない、カメラに写ってなければいいんだ」ぐらいの潔さで脱いじゃっていてさ。是枝さんもそれを平気な顔して撮っているから、案外嫌ったらしい人だったんだと思って（笑）。でも素敵なシーンですね。本当にいろんな意味で神々しかったです。

是枝　夏のシーンでもうひとつ聞きたいことがあるんです。ラストカットは初枝を演じる希林さんのラストカットでもあるんだけど、家族が海辺ではしゃいでいるのを見ている横顔が何かをつぶやくんですよね。でも何を言っているのか、現場ではわからなかった。編集でもなかなか解読できなかったんだけど、繰り返し編集の人と見ていたら、わかったん

です。「ありがとうございました」って言っていると。

樹木　へえ……、ホント?

是枝　確実にそう言っている。それで僕はゾクッとしちゃって。その台詞も僕は脚本に書いていないから。いい横顔だな、ラストにふさわしいすごいカットだなと思っていたんだけど、それに加えて「ありがとうございました」と。血の繋がりのない家族に向かってね。

樹木　言ってるんだあ……。まあでも、あの夏の浜辺にいて、そんな感じはしていたのね。それは怪我の功名みたいなもので、言ってみれば是枝さんが役者を信用してくれている結果、そういうふうに撮ってくれちゃうというか。信用されるほどの役者じゃないんだけど。是枝さんの映画に出た人はみんなそう思うんじゃないかな。

どの絵の具の色になれば絵が引き立つか

是枝　それと関連して訊きたいことがあって、先日、『モリのいる場所』[*2]を拝見したんです。画家・熊谷守一[*3]の晩年の一日を描いた映画で、希林さんは山﨑努さん演じる守一の妻・秀子を演じていましたね。非常に素晴らしい作品でしたが、あれにもアドリブというか、希林さんが考えた台詞があるでしょう?

樹木　いや、アドリブといっても、本当のアドリブじゃないからね。私はその場で初めて言うのが本当のアドリブだと思うけれど、相手の役者が戸惑ったり、監督を無視しているように思われたりすると申し訳ないなと思うようになって、一応監督に断るようになったんです。つまり、想定内の中で動くことになるから、私としては本当のアドリブのよさは望めないというか、考えてやったことという感じになっているので、正直不満はあるんですよ。

是枝　希林さんが死んだ子どもの話をする場面があるんだけど、その台詞は台本にはなかったんでしょう?

樹木　ないけど、あれも難しいところでね。わざわざ死んだ子どもの話をするっていうのはちょっとこの家に合わないなと。

守一さんが普段言っていた言葉に「俺はしみったれた人間だからまだまだ生きるよ」というのがあるんです。映画の中にはないんだけど。それで、私もこんなに長生きしちゃって、守一さんも九十を過ぎているのにまだまだ生きると言っていて、そういう夫を見ていて思わず、「うちの子どもはあんな早くに死んじゃった」ということをちょっと言ってみたくなった。感情移入しているような、していないような曖昧な感じになっちゃったけど、「まあ、こんなもんでいいな」と。終わった後はなんでもOKにしちゃうから、私（笑）。そんなに意味深くも言わないし、かといってさり気なくもないけど、こそっと音が出ちゃった感じにはしたつもりなんだけどね。

是枝　すごくよかったですけどね。映画は熊谷守一の家と庭という狭い空間の中に宇宙を見ていくという話で、日常描写がずっと続いていく。ある種、ユートピアじゃないけど幸せな夫婦の時間が続く中で、すき焼きの鍋を大勢で囲むシーンの喧騒が終わって、ふっと守一と妻のふたりだけになったときに、その希林さんの台詞によって、初めてというか唯一そこで死の話が出てくる。それまで観ていたものがガラッと変わるんだよね。すごくさり気ないんだけど、くさびがひとつ入った感じがして。

樹木　そうだったか……それならよかった。

是枝　ああいう台詞がなぜ出てくるかってことなんだけど、台本全体を読んで、そこに自分と守一さんを置いたときに、何かが足りないと思われて言っているんだと思うんです。

樹木　うん、そう。足りない。

是枝　そこがすごいなと思う。通常のアドリブというのはその場の思いつきが多いので、僕はあまり好きではないんだけど。

樹木　監督は評価しないよね。

是枝　でも、希林さんがそこに投げ込んでくる台詞や芝居は、『モリのいる場所』のもそうだし、『万引き家族』の「ありがとうございました」もそうだけど、たぶん全体を見ながら、何が欠けているか、それに対して自分がどういうひと言を言えたら補えるか、非常に演出的な目で見ていると思うんです。

樹木　そんなに意識はしてないんだけどね。『万引き家族』のほうは、反射的に思ったことがふと出ただけで、そこで言ったほうがいいという判断ではなかった。『モリのいる場所』の場合は、台本を読んで「どこかで子どもの話をポロッと言おう」という想いがあったの。しみじみと向かい合ってではなく、どさくさに紛れてでいいからって。演出なんて言われるとおこがましいけど。

是枝　いや、演出的だと思いますよ。

樹木　ただ、俯瞰でものを見るというのはあるかもしれない。台本を読み込む大事さを、森繁さんの大っ嫌いな新劇で教わったからね（笑）。

是枝　そこまで遡りますか。

樹木　うん、文学座で教わった。台本は誰だって読める。でもその台本の中で、自分がどの絵の具の色になれば絵がうんと引き立つかを考えないと。素晴らしい演出家ばかりならいいけど、そうでないときにどう自分を活かすかも含め、キャンバスにおける自分の色の置き場所を考えて台本を読むんです。それを文学座で徹底的に教わった。

どうしてそれを忘れないかというと、森繁さんという人がまったく台本を重視しない人だから。新劇を馬鹿にしてんのよ（笑）。「なにが滝沢修[*4]だ、宇野重吉[*5]だ。あーた、あたくしなんぞは……」なんて言いながら軽蔑している。私はその狭間にいて、どちらのよさもどちらの足りなさも感じていたから。確かに新劇の場合、語尾が「〜ですわ」で、「〜よね」なんて言ったら駄目なんだけど、そういうつまらないことにこだわって芝居が面白くなくなるから。役者のスタート時点でこのふたつを見たというのが、私には大きかった。おかげで俯瞰で見る癖がついているんです。

これは余談だけど、この間ＮＨＫの『人体　神秘の巨大ネットワーク』[*6]という山中伸弥[*7]教授の番組に出たんです。私ががんを経験していて、いまもがんを患っているから、呼ばれたんだけど。その番組で、「心臓だけは身体の中でがんができない」という話があった。心臓は壊死していくもので、細胞が復活しない。だから心臓がおかしくなっちゃったら死んでしまうと。ところがいま、アメリカのどこかの先生の研究が進んで、細胞を復活させて心臓を生かすという治療がすごく進んでいるらしいの。それで私が、「じゃあ、今度は心臓ががんになっちゃうじゃないの」と言ったら、山中先生が「それはあなた、研究者の目です」って（笑）。研究者というのはそうやって考えるんだというわけです。

言われてみれば常にこちら側から見たらどうか、あちら側からはどうなのかを考える、俯瞰でものを見る癖があるなと。こちら側に笑う人がいたら、あちら側には泣く人もいるとか、そうやってものを見る習性、性癖があるみたいね。私は意地の悪いところがいっぱいあるんだけど、その意地の悪さというのもどうもそこからきてるなあと思うんですよね。

「うわぁ、すごいシミ」

是枝　今回、「入れ歯を外したい」と希林さんが提案してくれたんですよね。

樹木　もう、画面に出る自分の顔に飽きてるんですよ。抜くとぜんぜん変わるよね。

是枝　変わるね。

樹木　良家のおばあさんなら駄目だけど、あんなボロ家に住んでいるおばあさんだから。

是枝　髪を伸ばしたいと言ったのも希林さんでした。年寄りが髪を伸ばしていると気持ちが悪いからと。

樹木　そうそう。

是枝　それもすごくよかった。あのシーンに活きた気がするんです。

樹木　私が死んだときに、私の髪の毛を亜紀ちゃん（松岡茉優）[*8]が梳《と》くシーンね。あれは私もすごくいいなと思った。もう少し、身体を入れて撮ってくれたらなあとは思ったけど

インタビュー時の一枚。希林さんが分福を
訪れたのはこれが最後になった

（笑）。観客としては死体の顔は見たくないから、顔から撮る必要はないんだけど、もう少し身体を入れてね。顔を撫でながら髪を梳くといいかなとも思ったけど、髪だけでもまあいいか。死体の髪だってわかるしね。

是枝　おでこのあたりはちょっと入れてるんですけどね。

樹木　入れ歯とか髪とかそういうつまんないところでふと思うのよ。だから、雰囲気としては『海よりもまだ深く』の母親役とは違う人にはなったなあって。

是枝　何が違うかって、たぶん、ちょっとしたところで変えてるんだと思うんです。何かを食べるときの食べ方とか、こたつに座っているときの座り方、その脚の開き方とか。あのボロ家に住んでいて、いままで悪いこともしてきただろうなというおばあちゃんが飯を食っているわけで、それならこういう脚の開き方で、こういう食べ方だろうと判断されて演じている。うどんを食べながら足の爪を切っているカットが最初にあるけれど、そのおばあちゃんがポンと画面に出てきた瞬間に、それまでその人が過ごしてきた七十何年かが、『海よりもまだ深く』のあの団地のおばあちゃんとはだいぶ違うというのがスッと見える。あの団地に住んでいる人は別に上品な人ではないけど、一応公団住宅に住んでいる人ではあるから。

樹木　そりゃ、是枝さんの母とは違いますよ（『海よりもまだ深く』は是枝の実体験をもとに脚本が書かれた）。そういえば娘が最初に『万引き家族』の予告篇を観たとき、「お母さん映っていなかったよ」と言ったの。それからしばらくしてまた予告篇を観たらしくて「やっぱりお母さん映ってた。歯、とったの!?」と驚いていて。娘としては親が自分の醜い顔を世間にさらすなどということは考えられないんだね。そんなの気にすることじゃないんだけどさ。第一、本人がぜんぜん平気なんだから。

是枝　食べ方ということで言うと、民生委員のおじさんが家を訪ねてくるシーンで、希林さんがミカンを食べているんです。その食べ方にも驚きました。

樹木　どんな食べ方してた？

是枝　外皮を残したまま齧《かじ》りついて、中身をこそげ落とすみたいな感じで。僕は何も演出していなかったんだけど。

樹木　ああ、歯がないからね。歯茎でこそげ落としたの。確かにそうやった。

是枝　そういうのが随所にある。希林さんは今回、意図的にちょっと気持ち悪くしているんですよね。

樹木　気持ち悪いというか、歯のない人と生活をするとこうだよということですよ。いまの人たちは祖父母と生活したことがない人が多いでしょう。だから、人間というのは歳をとるとこんなふうになるものだということを見せておきたかったというか。役者としては正直、自分の変な格好、醜い格好を見せるということはすごく恥ずかしいんだけど、そういう妙な使命感と露悪趣味とがあるみたいで、ああなっちゃう（笑）。

是枝　露悪趣味と言ったけど、そうではなくて、きっと今回僕がやろうとしていることを察知してくれている気がするんです。夫婦の裸のラブシーンもそうだけど、生なもの、肉体的なものを今回は大事にしたくて、どう映画に入れ込むかというのは意識していた。撮影中、ゆり役の[*9]佐々木みゆちゃんの歯が抜けて、結果的にそれは希林さんの入れ歯のエピソードと重なったけれど、ゆりの歯が抜けるというエピソードも足したし、祥太[*10]（城桧《じょうかい》吏《り》）の股間が朝大きくなっているエピソードももともと書いていた。そういう肉体的なものをこれまであまり描いてこなかったから、今回は家族の話の中にそういうものをもち込もうとして書き始めた脚本だった。希林さんはたぶんそれを受け止めた上で、子どもが成長していく一方で、おばあちゃんが老いていくというのを、肉体的にどう見せていくか、計算されていたと思うんです。

樹木　うん、それはやっておこうと思った。

是枝　「入れ歯外していい？」と言われたとき、「亜紀と甘味屋に行くシーンではどうしましょう？」と尋ねたら、「おしるこならすすれるよ。おもちをしゃぶればいいじゃない」と。実際にそのシーンを撮ってみたら、その餅の食い方がまたすごくいい。そういう肉体的な存在感がきっとこの物語の中では必要だという判断をどこかでされている。

樹木　うん、それはあの家を見たときにね。

是枝　あの家に負けないぐらい強いものをということでね。あのミカンの食べ方も、爪を切るのも、髪の毛もそうだし、そういう肉体的なものがかなり強く出てきているから、家に負けていない感じがする。

樹木　負けてないけど嫌われるよね。

是枝　死んだあとに髪を梳くシーンですが、髪はだいぶ洗っていない状態なんですよね？

樹木　うん、洗ってない。

是枝　洗ってない髪を触るというのは……。

樹木　気持ち悪い。

是枝　しかも死んでいるからね。生きていてもたぶん気持ち悪いのに。だけど、亜紀がその髪を触りながら泣いているというのが、単純にただ悲しいだけじゃない感じになっている気がするんです。その後、死体は埋められるけど、まだそこにいるという余韻のためには髪が必要だったんだなと。なるほど、希林さんが最初に設定されたものが、こうやって活きてくるんだとすごく納得しました。

樹木　そういうのは直感で設計するから。いまみたいに一つひとつ指摘されるとなるほど、そうねと思い返すけれど、現場ではそんなに論理立ててないから。ただ、そういうものを拾ってくれるというのはありがたいですね。入れ歯のときだけは監督がびっくりすると悪いから、「ちょっととってみるからね」と断ったけど。

是枝　肉体的なことでもうひとつ、さすがだなと思ったのは、夏の海のシーンで希林さんが脚の脛のあたりに砂をかける芝居があるんです。僕はすっかり忘れていたんだけど、砂をかけるということ自体は僕が脚本に書いていた。

樹木　うん、書いてあった。

是枝　それで、砂をかけながら希林さんが「うわぁ、すごいシミ」と言うんですよ。その台詞は僕は書いてない。それも、自分の肉体についての台詞ですよね。僕が脚本に書いていた単純に脚に砂をかけるだけの芝居だと、ちょっとセンチメンタルな感じがしていたんだけど、そこで「うわぁ、すごいシミ」と言うことで、甘くならない。

樹木　あのね、綾瀬はるかが脚に砂かけてるわけじゃないんだからさ。こっちは後期高齢者だから、「うわぁ、すごいシミ」なのよ。
是枝　いや、よかったです。僕の脚本の弱点を希林さんが補ってくれている。
樹木　そうかなあ。壊しているところもずいぶんあると思うけど（笑）。
是枝　いやいや。お話を聞いてあらためて感じましたが、やはり希林さんは映画全体を俯瞰したときに何が欠けていて、それに対して自分は何ができるか、何ができないかということをすごく厳しく見ているのだと。その厳しい目は、自分に対しても向けられているし、演出家に対しても向けられている。だから希林さんとの仕事は毎回覚悟がいるんです。脚本の甘さも指摘されるしね。だけどそういう率直なツッコミを脚本を書いている段階でしてもらえるというのは、すごく恵まれているんです。
樹木　でも、鬱陶しいでしょう、監督としては。
是枝　そんなことないです。
樹木　それは監督に力量があるからよ。
是枝　でも、そういう関係で映画をつくれるって楽しいですよね。希林さんから不意に出てくる台詞を聞いて、どうしてここで「綺麗だね」と言ったんだろうなと考えて、続きを書くとか。それを現場で確認したりはしないけど。

樹木 うん、現場ではそれは話さないわね。

是枝 尋ねたら逆に「そんなこともわかんないの？」と言われるかもしれないし（笑）。

樹木 いや、そんな失礼なことは言わないけどさ。

先日、配給会社のギャガから連絡があって、『海よりもまだ深く』で母親役を演じた私が、ボストンのクロトゥルーディス賞で最優秀助演女優賞を受賞したんだって。「ああそうですか」という感じだったんだけど、娘が「お母さん、ここに助演女優賞にノミネートされていた人の名前が何人か書いてあるけど、この人は今年のアカデミー賞で助演女優賞をもらった人だよ。この人をさしおいて受賞したってことなんだよ」と教えてくれてね。「じゃあ。私はすごいんじゃないの？」って（笑）。忘れたころにというか、晩年になってから何かの拍子で出会いに恵まれ、こうして私にこだわってくれる人がいるというのは、とてもありがたいことだと思っています。でも、監督の映画に出るのはこれで最後だからね。

是枝 困ります（笑）。最後と言わず、今後ともよろしくお願いします。

四月九日。まだ完成前の段階ではあったけれど、編集途中の『万引き家族』を観たカンヌ国際映画祭の代表から「コンペに選びました」という嬉しい知らせを受け、僕はすぐに也哉子さんに連絡を入れた。五月に飛行機に乗ってフランスまで行く体力が果たして希林さんに残っているかが心配で、本人と話す前に一番冷静にその辺りの判断をしてくれる也哉子さんに相談しておこうと思ったからだ。

「本人に聞いてみますが、たぶん行くと言うと思います」と也哉子さんはすぐに返事をくれた。

四月十一日。電話で話した希林さんは、いまからロサンゼルスへ旅立つということで上機嫌だった。

「ハーイ、ミスターコレエダ……」

と「エダ」にアクセントをつけて僕を呼び、

「おめでとう。いま、みんなで赤坂の『砂場』でお蕎麦食べてたのよ。あなた、ツキをぜんぶ使っちゃったんじゃないの？　大丈夫、ロンドンに寄って也哉子と一緒にカンヌにも行きますから。楽しみにしてるわ。ミスターコレエダ」

希林さんに最初に『万引き家族』の話をした時期は定かではないのだが、確かにそのラーメン屋さんだったと記憶している。テーブルの向かいに座った希林さんに短いプロットをお渡しした。「やるわよ」と珍しくすぐに引き受けてもらえた。

制作ノートを付け始めたのは二〇一五年の六月十二日。最初のページには『万引き家族』と記され、次のページに[*11]「子どもに釣具を万引きさせた疑い」という大阪での事件を伝える記事。数ページあとに[*12]「年金不正受給『生活費のため』父の死を隠して一二〇〇万円搾取」という見出しの記事のコピーが糊付けされている。スタートがこのふたつの事件だったのは間違いない。この段階で盗んだ釣り竿で釣りをする父をリリーさん、最終的に床下に埋められる祖母を希林さんにという構想はすでにあった。

プロットの第一稿は八月二十日、Ａ４十二枚。八月下旬、神奈川の茅ヶ崎館に合宿をしてリライトし、Ａ４十八枚に。タイトルは『声に出して呼んでよ』。九月、『海街ｄｉａｒｙ』の上映に立ち会うためにスペインへ向かう飛行機の中でさらにリライトを進め、タイトルの『声に出して〜』を『波』に変更。この段階では祥太がテレビの野球中継で観たＷＡＶＥを海水浴へ行ってやりたがるという設定だった。並行して『海よりもまだ深く』の仕上げと『三度目の殺人』[13]のリサーチ。二〇一七年春。『三度目の殺人』の完成を待って本格的な準備に入った。

　五月十三・十四両日で子役オーディション。二十五・二十六日で亜紀（このころはみづえという名前だった）役のオーディション。松岡茉優さんに会い、悩む。当初考えていた何の取り柄もない娘とは違うが、撮ってみたい。六月四日、脚本家・坂元裕二[14]さんとの対談準備のために観直していた『問題のあるレストラン』[15]での松岡さんのお芝居を観て、あまりに素晴らしくて覚悟を決める。並行して養護施設を取材。六月五日、リリーさんとの対談で「今回は性愛を撮りたい」と伝える。

　七月二十九日、キャスト顔合わせ。東宝スタジオの中庭で「家族写真」を撮る。希林さんから「入れ歯を外して演じたい」との提案あり。同時に「（松岡さんのような）こんな可愛い子があの家にいる必然性がわからない」との疑問が投げかけられる。どうやら希林さんは僕が自分のタイプの女の子を役に関係なくキャスティングしたと思われたようで、「これだから男の人は……」とブツブツ呟いている。この疑念は払拭しなくてはいけない。松岡さんが可哀想だ。

2017年7月29日。1回目の顔合わせの後、東宝スタジオで

十月二十九日。ロサンゼルスから東京に戻る機内で亜紀の設定に「初枝（希林さん）を捨てた前夫の孫」というアイデアを思いつく。亜紀を巡る物語をあの「家族」に回収する流れを加えた。十一月七日、西川美和の指摘を受けて、駄菓子屋で「妹にはさせるなよ」と言われた祥太の中に罪悪感が芽生え、それによってそれまで絶対視していた治（リリーさん）への信頼が崩れていく——という縦軸を強化した。砂田[*16]麻美からも感想が届き、あの家族から何か大きな目的（犯罪）に向かって行動を起こすような流れが必要なのではないか、と言われる。一理ある。しかし、そうしたくはない。警察もそう考えるのだ。あの家族には何か〈たくらみ〉や〈目的〉があったのだろう、と。しかし、そんなものはなかった。そのことは「私たちには」理解されない。そういう流れにした。

十二月二日、衣装合わせ。脚本を読んだ希林さんから夕方電話。亜紀の実家の設定について「ああいう幸せな家（前夫の息子の家庭）からあんな子（亜紀）が育つかというのが、どうしても納得いかなくて……。初枝を膨らませたかったのはわかるけど、私はただ寂しい孤独なだけでいいのよ。いますよ、そういう人はいくらでも……」。そう言われて逆に亜紀にはよくできた妹がいて、亜紀がやめたヴァイオリンも続けていて、亜紀はその妹の名前を風俗店の源氏名にしているという設定を考えつく。

十二月十五日、冬篇クランクイン。治の工事現場のシーンから撮影は始まった。リリーさんは実は抜群の運動神経の持ち主で、だからこそ鈍臭い男を演じるのがとても上手だ。治のこの「使えない感」は本当に見事。「なんでこんな可愛い子が……」と希林さんにその存在を疑問視された松岡さんはひるむことなく撮影の合間も希林さんのすぐ隣に座って、オーディションに落ち続けた話など自分から積極的に喋り、世間話に花を咲かせていた。（喰らいついたな）と僕は思った。十二月二十八日。甘味屋での希林さんと松岡さんのシーン。しゃぶった餅を松岡さんの器に入れるというアドリブをした希林さんも、それを受け流す松岡さんも、どちらも素晴らしかった。夜、編集し、希林さんの画像をＬＩＮＥで松岡さんに送ると、「この説得力をもって、いつかカメラに写りたいです」と頼もしいコメントが返ってくる。

当初「あなたの顔、覚えにくいわ。きっとよその現場で会ってもわからない」と言う希林さんの突っ込みに「そうなんですよ。よく言われるんです」と松岡さんは応じていたが、そのうち「あなた、たくさんCM出てるのね」「はい、おかげさまで」「それきっと、顔に特徴がないからだわ。いろんな役やるのに有利なのよね」と、評価が完全に反転。年が明けてセットの撮影が始まったころには、「あなたさぁ……もし整形するとしたらどこ直したい？　私は鼻」という親しみを込めた質問をされていて、もう大丈夫と僕もようやく安心した。

二〇一八年一月二十七日、クランクアップ。すぐに編集作業に入る。編集は一カ月。通常の半分。クランクアップから二カ月ちょっとというスピードで『万引き家族』は完成した。希林さんの病状の変化を予見していたわけではないが、結果的には急いで仕上げてよかったのかもしれない。

カンヌ国際映画祭での希林さんは一カ月半前に比べるとかなり痩せられていて歩くのがやっと、という印象だった。それでも参加をしてくれたことに感謝しつつ、（なんとか間に合った……）という気持ちと（無理をさせてしまったかな）という気持ちの間でさいなまれる。

プレスカンファレンスの席で、希林さんに質問の手が上がった。「どうして日本の監督たちがみなあなたと仕事をしたがると思うか」と。

「さあ……私にはよくわかりません」

照れもあったのだろうが、そのひと言で希林さんは「ハイ、オシマイ」というようにマイクを置いてしまったので、僕がそのあとを引き継ぐ形で、なぜ彼女に出てもらうのか、監督にとって彼女のような役者を持つということがいかに幸せなことかを語った。語っている途中で、並んで席に着いていた松岡さんが泣き出したのがわかった。彼女も希林さんの様子を見て、病状の進行は理解していたのだろう。しかし涙の理由はそれだけではなかったように思う。感受性の豊かな、彼女らしい涙だと思った。このとき、亜紀という役を松岡さんにお願いして本当によかったと心底思った。

レッドカーペットは希林さんと腕を組んで歩いた。楽しむとか晴れやかな気持ちとはほど遠く、僕の腕に摑まる希林さんの手が、何かにすがるようで辛かった。転ばないように。それだけを考えていた。

二〇一〇年。『奇跡』の撮影が始まる前日に鹿児島で希林さんと食事をした。テ

CANNES
71e FESTIVAL
INTERNATIONAL
DU FILM
FESTIVAL DE CANNES
8 — 19 mai 2018

ーブルに向き合って座ると、希林さんは珍しく台本を取り出した。

「あなた……この映画、大人はみんな脇だからね。顔のアップなんて撮らなくていいのよ。みんな背中で気持ちを表現できる上手な人たちなんだから。わかってると思いますけど……」

さすがだな、と思った。

もちろん子どもが主役の映画だとは思っていたが、大人たちのキャスティングがあまりに思いどおりに実現してしまったので、これはそれぞれのアップをひとつくらいとか、見せ場やキメ台詞を用意したほうがよいのではないか……と思い始めたところだったからだ。

(危ない危ない……)

僕はそう思って当初の予定どおりに構想を戻した。実際、撮影を始めてみて一番驚いたのは橋爪功さんの芝居だった。

「何もしませんよ……」

カメラを向けても、そう言って口の端でニヤリと笑う。そして、本当に何もしない。何もしないどころか動こうとさえしない。自分が動かないことで、逆によく動く妻役の希林さんや、止まることを知らない子どもたちの描写とコントラストをつけようとしている。作品全体を俯瞰して自分の芝居と身の置き所を見極めていこうとするこの態度は、まさに希林さんと同じだった。ふたりが仲のよい理由がわかったような気がした。

店を出た希林さんは、僕の腕に摑まってゆっくりと歩き出した。数日間、鹿児島の病院で重粒子線の治療をしていたらしく「身体がキツいのよ」と話されていた。ホテルまでの道中で裕也さんの話題になった。ちょうど女性問題がワイドショーで取り沙汰されていた時期だった。

「ねえ、あなた男としてどう思う?」「今度ばかりは私もちょっと許せないのよ。記者会見でも開いてぜんぶ喋っちゃおうかと思うんだけど……」

「いやぁ……そうですか……記者会見かあ……」

「だって私ずっと嘘つかれてたのよ……」

そう話しているうちに、少しずつ希林さんに生気が戻っていくのがわかった。結局、記者会見は開かなかった。正直僕はホッとした。

カンヌの公式上映が終わり、場内に灯がついてスタンディングオベーションが始まる。この拍手の長さがのちに宣伝で使われたりするので、できるだけ引っ張りたいというのが宣伝側の意向である。映画祭のディレクターも傍で拍手を聞いていて、まだ続くようだと判断すると帰ろうとする僕らを制し、「ステイ」と恐い目付きで睨む。

しかし、希林さんはこういうときに「すぐに帰らないのはもの欲しげに見えて格好が悪い」と考える。

そのふたつの思惑にはさまれながら、僕が歩き出すタイミングを見極めなければいかず、周りからどう見えたかはともかく、感動している余裕などまったくなかった。

ただ、拍手に手を振り、頭を下げながら、客席の中に也哉子さんとサクラさんのお母さんの安藤和津[*17]さんの泣き顔を発見し、ああ……このふた組の母と娘をこの場所に連れてこられたのは本当によかったなぁ……と、本筋とはちょっとズレたところで涙ぐんでしまった。

六月九日の公開初日の舞台挨拶で再会した希林さんはさらに小さくなっていて、壇上に上るとき以外は車椅子に座っていた。できるだけ動かずに、エネルギーを消耗しないようにされているようだった。それでも「今日はロックの日で……」と六月九日にロックを掛けて挨拶をされて笑いを誘ったり、お祝いのケーキをつくりに来てくれていた鎧塚さんを松岡さんに紹介しようとしたり、随所で希林さんらしいユーモアは発揮してくれた。

弔辞にも書いたのだが、この日の別れ際、車椅子に座ったままの彼女に僕はこう言われた。

「もうお婆さんのことは忘れて、あなたはあなたの時間を若い人のために使いなさい。私はもう会わないからね」

六月二十四日、新作の準備でパリへ向かう。電話では何度かお話ししたのだが、希林さんは口にした言葉通り、頑なに会うことを拒まれた。僕は十月クランクイン予定の新作の準備に入った。

八月十四日、也哉子さんからのメールで希林さんが大腿骨を骨折してしまい入院中だと連絡が入る。十九日、手術の予後が悪く、かなり厳しい状況だと追加のメッセージ。会えるかどうかわからないが、いったん帰国することにした。二十二日、結局お会いすることは叶わず、希林さんの自宅のポストに手紙を投函する。二十三日、パリに戻った。

九月十五日、朝。希林さんが亡くなったという連絡をいただき、再び帰国。空港から直接お通夜の席に向かう。「まだカンヌのお祝いを直接言えてなかった」と玄関先で也哉子さんとハグをする。ニューヨークから戻ったばかりの伽羅ちゃんと少し話す。テーブルにつくと本木さんが気にかけて声を掛けてくれた。

「是枝さんに本当に会わなくていいの？」と本木さんが希林さんに訊いたら、一度目は

「いいの。もう別れは言ったし、私はもう充分会ったから。あの人に会いたい人はたくさんいるんだから、あとは若い人に……」

と言ったそうで、もう一度本木さんが「本当にいいの？」と尋ねたときには、

「そりゃ、死んでいく姿を、ミヨちゃん[*18]だけじゃなく監督にしっかりと見せたほうが肥やしになるだろうけど、会えないから残せる感慨ってものもあるでしょう……。」

それに、(カトリーヌ・)[19]ドヌーヴがあんまりいい芝居したら嫌だなぁ……。だからちょっと意地悪してんのよ(笑)」

と話されたらしい。「この人が冗談でもこんな普通の嫉妬みたいなことを言うのかとそのとき思ったんですよ……」と本木さんはそのときの様子を思い出して怪訝そうにしている。それを聞いて、ちょっと腑に落ちたというか、不謹慎だが、少し嬉しくなった。

(そうかぁ……嫉妬してくれてたんだ……)

お通夜からの帰り道、ひとりになって、九月十五日が僕の母の命日でもあることに気付き、少し泣いた。

九月二十四日。二年前は希林さんと訪れたサン・セバスチャン映画祭に参加。生涯功労賞という大きな賞をいただいた。今回はリリーさんも一緒で心強い。トロフィーを授与される会場の舞台袖で出番を待っていたとき会場が暗くなり、不意に僕のいままでのキャリアを紹介するVTRが流れ始めた。『幻の光』[20]から『万引き家族』まで十三本の映画のダイジェストの画像に、ワールズエンドガールフレンドの

『空気人形』[21]のテーマ曲と吉野弘[22]さんの「生命は」[23]という詩の朗読が響く。「生命は／自分自身だけでは完結できないように／つくられているらしい」。ペ・ドゥナ[24]さんの朗読する生命と生命の連鎖を寿《ことほ》ぐその詩が、希林さんの画に重なったとき、（あぁ、希林さんはもういないんだな）とはっきりと自覚した。そして、それでもこうして映画の中に彼女は生き続けるのだと、涙をこらえるためではなく、僕は上を向いた。

註

＊1　安藤サクラ
女優。一九八六年、東京都生まれ。俳優の奥田瑛二、エッセイストの安藤和津の間に次女として生まれる。姉は映画監督の安藤桃子。二〇〇七年、父・奥田瑛二が監督を務める映画『風の外側』で主演デビュー。代表作に『愛のむきだし』『かぞくのくに』『百円の恋』、NHK連続テレビ小説『まんぷく』のヒロインなど。

＊2　『モリのいる場所』
沖田修一監督による二〇一八年公開の映画。九十七歳で死去するまで現役の画家だった熊谷守一を主人公に、晩年のある一日をフィクションで描く。

＊3　熊谷守一
画家。一八八〇年、岐阜県生まれ。一九〇〇年、東京美術学校に入学。一九一五年より「二科展」に出品を続け、「画壇の仙人」と呼ばれた。一九二二年、大江秀子と結婚。晩年の二十年間は自宅からほとんど出ず、夜はアトリエで数時間絵を描き、昼間は自宅の庭で過ごした。七七年没。

＊4　滝沢修
俳優・演出家。一九〇六年、東京生まれ。築地小劇場の研究生として初舞台を踏む。戦後、宇野重吉らと劇団民藝を創設、代表を務める。代表作に『炎の人』『セールスマンの死』『かもめ』『オットーと呼ばれる日本人』『狂気と天才』など。七〇年代からは『その妹』『アンネの日記』など演出も手がける。二〇〇〇年没。

＊5　宇野重吉
俳優・演出家・映画監督。一九一四年、福井県生まれ。滝沢修らと劇団民藝を創設し、『どん底』『かもめ』『ゴドーを待ちながら』『夕鶴』などの舞台に出演。主な映画出演作に『愛妻物語』『第五福竜丸』『金環蝕』など、映画監督作に『あやに愛しき』『硫黄島』など。八八年没。長男は俳優・歌手の寺尾聰。

＊6　『人体』
NHKスペシャルの大型特別企画で二〇一七年九月からスタートしたドキュメンタリー特別番組。司会はタモリと山中伸弥。

＊7　山中伸弥
医学者・京都大学iPS細胞研究所所長・教授。一九六二年、大阪府生まれ。神戸大学医学部を卒業後、国立大阪病院整形外科で臨床研修医と

して勤務。大阪市立大学大学院修了後、カリフォルニア大学サンフランシスコ校グラッドストーン研究所にてiPS細胞研究を始める。二〇一二年、「成熟細胞が初期化され多能性をもつことの発見」により、ノーベル生理学・医学賞をジョン・ガードンと共同受賞した。

＊8　松岡茉優
女優。一九九五年、東京都生まれ。八歳でプロダクションに所属。二〇〇八年、『おはスタ』の「おはガール」を務める。一三年、NHK連続テレビ小説『あまちゃん』に出演し、全国区に。一七年、『勝手にふるえてろ』で映画初主演。出演作に『桐島、部活やめるってよ』『スレイヤーズ・クロニクル』『ちはやふる』など。

＊9　佐々木みゆ
子役。二〇一一年生まれ。映画出演作に『便利屋エレジー』『万引き家族』がある。ミサワホームやアマゾンなどのCMにも出演。

＊10　城桧吏
俳優。二〇〇六年、東京都生まれ。七歳でスカウトされ、芸能活動を開始。映画出演作に『となりの怪物くん』『万引き家族』がある。一八年、NHK大河ドラマ『西郷どん』では西郷菊次郎の少年期を演じた。

＊11　「子どもに釣具を万引きさせた疑い」
二〇一五年三月、大阪府吹田市の釣具店で、長男（十四）、次男（十二）、長女（九）の小中学生三人に釣り具セットを万引させたとして、窃盗容疑で父親（三十六）と母親（三十三）が逮捕された。両親は「子供が勝手にやった」と主張したが、携帯電話のメールで子どもに指示を出していたことが捜査で裏付けられた。また父親は防水工として月約四十万円の収入がありながら、生活保護費を不正受給していたことも判明。親子は釣りが趣味で、大阪・北摂地域の釣具店で万引きを繰り返し、両親は万引きが見つかるたびに店員の前で子どもを叱りつけて謝罪し、逮捕・通報を免れていた。

＊12　年金不正受給
二〇一〇年七月十五日、東京都足立区の民家で戸籍上「百十一歳」の男性の遺体が見つかった。翌月二十七日、男性が生存しているように装い公立学校共済組合（東京・千代田）から遺族共済年金約九一五万円を不正に受給したとして、男性の長女（八十一）と孫（五十三、いずれも無職）が詐欺容疑で逮捕された。

＊13　『三度目の殺人』
二〇一七年九月に公開された是枝の十二作目の映画。弁護士が殺人犯の心の奥底に潜む真意を、弁護する立場から見つめ、新たな真実を想像する法廷サスペンス。主演は福山雅治と役所広司。

＊14　坂元裕二
脚本家・戯曲家。一九六七年、大阪府生まれ。第一回フジテレビヤングシナリオ大賞を十九歳で受賞しデビュー。九一年の『東京ラブストーリー』をはじめとして、『ラストクリスマス』『最高の離婚』『Woman』『Mother』など話題作を生む。二〇〇八年、『わたしたちの教科書』で向田邦子賞受賞。一一年、『それでも、生きてゆく』で芸術選奨新人賞放送部門受賞。是枝と坂元の対談は是枝裕和対談集『世界といまを考える1』に収録。

＊15　『問題のあるレストラン』
フジテレビ系の「木曜劇場」枠で二〇一五年に放送されたテレビドラマ。松岡茉優は極度の対人恐怖症で常にフード付きパーカーを着ているシェフを好演した。

＊16　砂田麻美
映画監督・小説家。一九七八年、東京都生まれ。慶應義塾大学総合政策学部卒業後、フリーの監督助手として河瀬直美、岩井俊二、是枝監督の製作現場に参加。二〇一一年、ドキュメンタリー映画『エンディングノート』で監督デビュー。一三年、ジブリを題材にした『夢と狂気の王国』が公開。一九年、テレビドラマ『潤一』の脚本を担当。連作短篇集『一瞬の雲の切れ間に』が二〇一六年「本の雑誌」上半期ベストワンに選出。

＊17　安藤和津
エッセイスト、タレント。元CNNキャスター。一九四八年、東京都生まれ。祖父は内閣総理大臣を務めた犬養毅。上智大学文学部中退。二年の英国留学を経て、七九年に俳優の奥田瑛二と結婚。長女は映画監督の安藤桃子、次女は女優の安藤サクラ。

＊18　ミヨちゃん
浅田美代子のこと。

＊19　カトリーヌ・ドヌーヴ
女優。一九四三年、フランス・パリ生まれ。十代のころから映画に出始める。六四年の映画『シェルブールの雨傘』のヒットで世界的スターの座を摑む。九二年の『インドシナ』で米国アカデミー賞主演女優賞にノミネート。代表作に『ロシュフォールの恋人たち』『昼顔』『終電車』

『ヴァンドーム広場』『ダンサー・イン・ザ・ダーク』『8人の女たち』など多数。是枝の最新作『真実』に主演。

＊20　『幻の光』
一九九五年十二月に公開された是枝の映画第一作。原作は宮本輝の同名小説。夫を原因不明の自殺で失った女性の喪の作業（グリーフワーク）を静かな視線で描写してゆく。主演は江角マキコ。他、浅野忠信、内藤剛志など。ヴェネツィア国際映画祭で金オゼッラ賞を受賞。

＊21　『空気人形』
二〇〇九年九月の公開された是枝の八作目の映画。ラブドールが人間に恋をするという、業田良家の傑作短篇集「ゴーダ哲学堂　空気人形」の表題作をモチーフに、是枝が脚本を書き下ろした。主演はペ・ドゥナ。他、板尾創路、ARATA（現・井浦新）など。

＊22　吉野弘
詩人。一九二六年、山形県生まれ。商業高校卒業後、帝国石油に就職。戦後、肺結核の療養中に詩作をはじめ、五二年『詩学』に詩を投稿。五七年、私家版詩集『消息』を刊行。代表作に詩集『10ワットの太陽』『陽を浴びて』『夢焼け』『生命は』『二人が睦まじくいるためには』、随筆『日本の愛の詩』『詩のすすめ　詩と言葉の通路』など。二〇一四年没。

＊23　「生命は」
一九九九年の角川春樹事務所刊『吉野弘詩集』に収録。映画『歩いても歩いても』の上映会を主催した仙台市の教員が後日、「是枝監督の描く映画の世界観に近いと思うので」とこの詩を是枝に送付。その一節にあった「生命は／そのなかに欠如を抱き／それを他者から満たしてもらうのだ」という部分が『空気人形』の世界と重なり、吉野の許可を得て、映画で使用した。

＊24　ペ・ドゥナ
女優。一九七九年、大韓民国・ソウル生まれ。漢陽大学校演劇映画科中退。モデル、タレントを経て、九九年、『リング・ウィルス』でデビュー。代表作に『ほえる犬は噛まない』『復讐者に憐れみを』『リンダ リンダ リンダ』『グエムル―漢江の怪物―』『空気人形』『クラウドアトラス』『私の少女』『ジュピター』『トンネル 闇に鎖された男』など。

弔辞

付記

お通夜のあと、再びパリに戻った僕のもとへ「弔辞をお願いできませんか」という也哉子さんからのメールが届く。悩んだ末にお引き受けした。クランクイン直前でどうしても告別式のために帰国することはできなかったので、橋爪功さんに代読していただくことになった。かなりのプレッシャーだったのだけれど、ホテルの部屋で夜中に3日間かけて書いた。内容的には今回この本の中に収録したインタビューと重複する部分もあるのだが、告別式で橋爪さんに読んでいただいた全文を、そのまま掲載することとした。

まずは告別式の場で直接お別れの言葉を告げられない非礼をお詫びさせてください。ご遺族の方々、ご列席のみなさん、申し訳ありません。そして何より希林さん、ごめんなさい。でも、もしかすると私がその場に現れて、涙声でお別れを語ることなど希林さんは全く望んでいないかも知れません。立ち尽くす私のシャツの肘のあたりをチョンとつまんで、

「ねぇ……あなた身内でもないのにいつまでそんな哀しそうな顔してるのよ」と、いたずらっ子のような笑顔でいつものように私の顔を覗き込む、そんなあなたの姿が目に浮かびます。


弔辞というのは「人の死を悲しみいたむ」もので、告別式は文字通り「別れを告げる」場だと辞書には記されています。

希林さんが重い病いを抱えていた以上、いつかはこの日が来るのだと覚悟はしていましたが、それでもやはりこんなに急にお別れを告げなければいけ

なくなるとは正直思っておらず、途方に暮れています。もう随分前に実の母は他界しておりますが、二度母を失ったような、今はそんな悲しみの沼の中にいて、なかなかそこから抜け出せそうにありません。それだけ私にとってあなたの存在は特別だったのだと思います。

希林さんと私が最初にお会いしたのは二〇〇七年のことですから、まだ十年ちょっとのお付き合いです。ですから私が語れるのはあなたの人生の、そして役者としての長いキャリアの、最後の数ページに過ぎません。そんな私が弔辞を読むなどという大役を担う資格があるのか本当に心もとない限りですが、それでも悩んだ末にお引き受けすることにしました。

今この弔辞を読んで頂いている橋爪功さんは希林さんとは文学座の研究所の同期で、お互いを「橋爪くん」「チャキ」と呼び合う旧知の間柄です。

一度、おふたりに夫婦を演じて頂いたのですが、撮影の合間に鹿児島で夕食をご一緒した時のかけ合い漫才のような言葉の応酬。

カウンターに並んで座って天ぷらを食べながら、希林さんの大好きな慰謝料や整形の話に笑い、その合間に演劇論が、それだけは鋭く語られる。そこには五十年を超える歳月をかけて培われたお互いの人間性や芝居に対する尊敬がにじみ出ていて、心の底から羨ましかった。いつか自分もおふたりとこんなやりとりが対等にできる関係になりたいと、そう思いました。その願いはとうとう叶えられず仕舞いでしたが、それでもこうして私の書いた弔辞を橋爪さんに代読していただくことで、少しだけふたりの間に割り込ませて頂いたような、そんな嬉しい錯覚を覚えています。

希林さんと私とはおよそ二十歳の年齢差がありますが、ふたりの関係は、失礼を承知で言うと「馬が合った」ということに尽きるのではないかと思います。そして何より出会いのタイミングにご縁があった。二〇〇七年というのは私が『歩いても　歩いても』という、母をモデルにした映画の準備に入った年であり、希林さんはその前年に盟友だった久世光彦さんを亡くされていました。

もし久世さんがご存命だったら、希林さんは果たして共に作品を作る演出家として私を選び、導いてくれただろうか、と時折そんな考えが頭をよぎりました。

久世さんがドラマ化しようとして実現できなかった『東京タワー』のオカンの役をあなたが映画で演じられたという経緯を考えると、そこにはやはり果たせなかった「思い」のようなものを感じずにはいられないからです。もちろん希林さんが私の背後に久世さんの姿を重ねるようなことはただの一度もありませんでしたが、私はあなたと久世さんの間に確かに存在し、一度は断ち切られた「縁」の一部を受け継いだような、そんな気持ちでいたのです。

なぜ希林さんが私のことをひいきにしてくれたのかはよくわかりませんでしたが、もしかすると私がテレビ出身で、映画の世界に何ら師匠や頼れる先輩を持っていなかったことがその理由の一つだったのかも知れません。そんな孤児のような私を不憫に思い、気にかけてくれた。

だから映画が公開されるたびに私本人ではなくプロデューサーに電話をして客の入り具合を確認し、「じゃあ次も撮れるわね。よかったよかった……」と、心配してくれた。出来の悪い息子を案ずる母からのこの電話は最新作までずっと続きました。

希林さんには随分いろんなものをごちそうになりました。

あなたはお店に入ると「コースを全部食べたいんだけど量半分にして」と、シェフに指示されたり、お寿司屋で「どうでもいいつなぎみたいなのいらないから美味しい順に半分だけ出して」と、無理な注文をされました。そして森繁久彌さんや渥美清さん、久世光彦さんの思い出話をその人たちの仕草や、言い回しを上手に真似ながら私に語って聞かせてくれました。ひとりじめにするのがもったいないくらいのその貴重な話に耳を傾け、私はただただ相槌を打つだけでした。あなたはお店を出ると「いくらだったと思う?」と又、いたずらっ子のような言い方で笑いかけ「安いでしょ。だから昼に行くのよ。夜だと高くって……」と、そんな時に見せる庶民的な顔も又、とても魅力的でした。

私にとってあなたとの時間はもちろんそれ自体とても楽しいものでしたが、やはりどこか人生の中で実の母と過ごせなかった息子としての時間とその後悔をなんとか取り戻したい。やり直したいという叶わぬ思いを希林さんと過ごすことで埋めようとしていたのかも知れません。口にはしませんでしたがそんな私の気持ちなど観察眼の鋭い希林さんのことですからハナからお見通しだったのでしょうね。希林さんに母を重ねて映画を作り、希林さんと食事に行き話すことで、私は私の母への喪の作業を少しずつ進めることができたのでしょう。今、その作業の途上で私はもうひとりの母を失い、再び喪の作業を始めることになってしまいました。

先ほど「馬が合った」という生意気な言い方をさせていただきましたが、それでももちろん全ての価値観が一致したわけではありません。好きな脚本家として私が向田邦子さんの名前を真っ先に挙げた時、あなたは珍しく顔を強張らせ「へぇ……どこが?」と私の顔を正面から覗き込みました。この、希林さんの「へぇ……どこが?」「へぇ……何で?」という攻撃にあった時にどれだけ説得力のある切り返しが出来るかでその人の評価は決まります。

冷や汗をかきながら向田脚本の魅力を語ったのですが、「あぁ……私たちと仕事しなくなってからの作品ね」と、あなたが発したその一言は安堵と寂しさの同居した不思議な響きを持っていました。

向田さんの遅筆に辟易としながらも久世さんと一緒にテレビで思い切り遊んだという自負と、その後病を得た向田さんがシリアスなドラマへ、そして文章の世界へ向かわれたことをあなたがどう思われていたのかは私なりに想像出来るつもりでいます。

流れて消えて後に残らないテレビやコマーシャルの潔さは、おそらく何物にも拘泥しないというあなたの粋《いき》な哲学とそれこそとても「馬が合った」のではないでしょうか。

二〇〇五年にあなたが向田さんと同じ病を得て以降「あとに残る」映画に仕事の中心を移され「チョイ役」で独特の印象を残すというスタンスから、主役も含め、作品を背負うような役を引き受けるようになったこと。そこにどのような心境の変化があったのかを私は直接お聞きすることはしませんでしたが、私もあなたのその変化を追いかけるようにして映画の仕事を依頼させて頂きました。

しかし、もしかすると私との出会いと作品作りがあなたの足取りや振る舞いからその魅力である「軽やかさ」を奪ってしまうのではないか、と危惧した時もありました。でも、どうやらそれは杞憂だったようです。

「テレビの連続ドラマはもう体力が持たない」と言いながら、それでもワイドショーや花火大会の中継などに乞われれば出続けた理由を尋ねたとき、「自分が芸能人として、今の時代にどれだけ意味や価値があるのか試してんのよ」とあなたは答えられた。

そんなフットワークの軽さと「雑味」をあえて捨てようとしないあなたの姿勢は、テレビ出身の私にとってはもうひとつの大きな魅力として映りました。

だからこそあなたの訃報を伝えるニュースの中で、いろんな人があなたのことを「女優」「大女優」と呼ぶことに居心地の悪さをちょっとだけ感じているのです。

そのくくり方は実はあなたの存在をむしろ「矮小化」してしまうのではないかとさえ思います。きっと希林さんもそう感じているのではないですか。


「私は器用じゃないから」

「私はそんなに引き出しが多くない」

これはあなたの役者としての自己評価で、仕事の依頼を断る時によく口にされました。『海よりもまだ深く』という映画の時も、一度受け取った脚本を持参して事務所を訪れ、抵抗する私の前で何度もこの言葉を繰り返し「無理」「是非」と机の上を脚本と言葉が一時間も行き来したことがありました。

しかしそんな逡巡はいざ撮影が始まってしまうと微塵も感じさせず役を必死で生きようとされる。控室で衣装に着替え団地の窓辺に正座をして真剣に台詞を覚えようとしている新人女優のようなあなたの姿が今も目に焼き付いて離れません。

そんなあなたが、昨年の春に『万引き家族』への出演を依頼したときはまだ脚本も出来上がっていなかったにもかかわらずあっさりと引き受けてくれました。半ば断られることを覚悟していた私は、あなたの態度に安堵と同時に不可解さを感じていたのです。

撮影が終わり、三月三十日に事務所を訪れたあなたから見せられたＰＥＴの画像は癌の転移を示す黒い小さな点が全身の骨に広がっていました。

寿命は年内がメドだと告げられており、「だから、やっぱりあなたの作品に出るのはこれでおしまい」と口にされた。

そう遠くはないとわかってはいた「その時」があっという間にすぐそこに来てしまい、言葉を失いました。

私はあなたに死ぬ役を演じさせてしまったことを後悔しました。でももしかしたら、そのことはとっくにわかっていて私はあなたと出会わせておきたい役者を共演者として選び、不謹慎にも映画の中で先にあなたへのお別れをしようとしたのかも知れません。

希林さんもそのつもりでこの役を引き受けたのではないですか？「是枝さんの映画はこれで最後」という宣言は昨年の十二月、撮影が始まってすぐの時に、あなたが取材に来た記者達に既に語っていた言葉でしたから。映画は出来上がり、六月八日に公開されました。希林さんはそこで私たちふたりの関係をきっぱりと終わりにするつもりだったのでしょう。私の腕に摑まりながら杖をついて壇上に上ったその日、あなたは別れ際私にこう言いました。

「もうお婆さんのことは忘れて、あなたはあなたの時間を若い人のために使いなさい。私はもう会わないからね」


そして本当にその言葉通り、翌日からは私がいくらお茶にお誘いしても頑なに断られました。私はうろたえました。あなたほど覚悟ができていなかったのです。骨折をされて入院された時も、会えないのを承知で私はあなたの自宅のポストに手紙を投函しに行きました。手紙は、直接伝え損なったあなたへの感謝の言葉を連ねた、ひとりよがりでとても恥ずかしいものでした。

そして、あなたはあっという間に旅立たれてしまった。

その訃報に触れ、駆けつけたお通夜の席で三カ月ぶりに会ったあなたは凛とした穏やかな美しさに包まれていました。

その姿を目にしたときに、あなたが会おうとしなかったのは、私があなたを失うことを、そしてその悲しみを引きずり過ぎないための優しさだったのだと、私はようやく気付いたのです。

私は映画の中で、血の繋がらない孫娘にさせたように、あなたの髪とおでこに指先で触れました。

そしてあなたが映画の中で最後に口にした言葉を棺の中のあなたにお返ししました。

人が死ぬとはその存在が普遍化することだと考えています。私は母を失ったあと、逆に母という存在をあらゆるものの中に、街ですれ違う赤の他人の中に発見できるようになりました。そう考えることで、悲しみを乗り越えようとしました。

今、妻であり、母であり、姉であり、祖母であるあなたを失ったご遺族の方々の悲しみはもちろん計り知れないものがあると思います。

でも、今回のお別れは、あなたという存在が肉体を離れ、あなたが世界中に普遍化されたのだと、そう受け止められる日が遺された人々にいつか訪れることを心から願っています。

個人的なことをもうひとつだけ語ることをお許しください。

希林さん、あなたが亡くなった九月十五日は私の母の命日でもあります。母と別れた日にこうして又、母が出会わせてくれたあなたとお別れすることの巡り合わせというものが、私の中の寂しさをひときわ耐え難いものにしています。

母を失って、あなたと出会ったなどというこじつけは正しくないかも知れない。けれど母を失ったことをなんとか作品にしようとしたからこそ希林さんと出会えたことは間違いないのです。

だから、あとに残された私は、あなたを失ったことを、その悲しみを、今回もまた同様になんとかして別のものに昇華しなくてはいけない。それが、人生のほんのひととき、伴に走らせていただいた人間としての責任なのだろうと思います。

そうすることが私のようなみなしごを拾い、そばに置いて愛情を注いでくれたあなたへのせめてもの恩返しだと思っています。

もう旅立った背中を追いかけるように、棺の中のあなたに向かって最後に語りかけた言葉をもう一度だけ繰り返して、私のお別れの言葉を締めくくろうと思います。

希林さん。
私と出会ってくれてありがとうございました。
さようなら。

二〇一八年九月三十日

是枝裕和

寄稿

四つの眼

内田也哉子

是枝裕和は、眼の人だ。

その眼は、例えるなら、琥珀に似ている。色艶も然《さ》ることながら、幾千万年の時間をかけ、樹脂が化石化し生まれ変わった唯一の植物起源の宝石だという点においても、その石が、温かく柔らかい輝きを放つ「太陽の石」と呼ばれながら、悠久の時を経て昆虫を封じ込めてしまう不気味さも合わせ持つことにおいても、なんだか通ずるものがある。

それから、その稀なる眼差し。まるで、幼い子どもが、見たこともないものを凝視するように、まっすぐ、じっと、ただ世間を見つめるのだ。この、ただ見るというのは至難の業で、オトナは大抵、何かしらの先入観がよぎり、その対象物の持つ純なものをわずかながらも湾曲して捉えがちになってしまう。それに、人はわからないものを見ると、なるべく速やかに自分の中での判断を下し、安心したいものだ。ところが、彼の眼は、いつまでも決めつけることをせず、静かに、ただ観察することを選ぶ。

ともすれば、見つめられる側からすると、どんなに朗らかで優しい眼差しであっても、ある種の恐怖体験となることさえある。是枝さんの前で、どうカッコつけようが、これほど無意味で、滑稽なことはない。彼の瞳の正面に立つと、自分はいかほどの者か、この口から出た言葉も、体が表す仕草も、一体どんな意味があるのか、と空虚な脂汗が滲む。だから、いつもホントでしかいられない。限りなく素でいるか、万が一、言葉がウソだったとしても、本当の嘘をつけるか、という心持ちで対峙せねばならない。

きっと、どんな有象無象が視界を遮ろうとも、是枝さんの目は、その現象をまっすぐ、じっと、ただ見つめ続け、やがて、それらを是枝作品というこの世の映し鏡へと昇華してしまうのだろう。


樹木希林は、眼の人だ。

「藪睨《やぶにら》み」とは、斜視であり、見方や考え方が見当違い、という意味だが、彼女の眼が藪睨みであることを、ある韓国の映画評論家がこう評した。

「現在を見る眼と、過去、あるいは、未来を同時に見る眼を持つ。だから、この女優は、神秘であり、怖いのだ」

実際、彼女は目の前のものや人を見つめながらも、ここではないどこかに思いを馳せているように感じることが多かった。ただ実際には、見ていないようでいて、すべて見ていた。怖いくらい、正確に。それこそ、彼女が背を向けた先に広がる光景までも、見えていたのかもしれない。

子どもは理屈など、どうでもいい。心地良いか、悪いか、ただそれだけだ。現に、当時たった一歳だった私の息子が、彼女が近寄ると、決まって、

「バーバ、みないでっ！　みないでー!!」

と、必死に後ずさり、その視線を遠ざけるのだった。そう言われた本人は、ゲラゲラと笑いながら、感心して言う。

「すごいわねぇ、この子、ちゃんと私が見てること、わかるのねぇ！」

是枝裕和の眼と、樹木希林の眼が「合った」ことは、もはや事件だ。

少なくとも、両者にとっては、西暦における紀元前と紀元後くらいの変異があったに違いない。ふたりは、親友でも、親子でも、相互の師弟関係でもない。けれども、そのどれでもある、とも言えよう。

映画というプラットフォームで出会う眼と眼。その両方が、適合しない場合は、憎しみ合うこともあれば、あきらめという名の静寂に見舞われるほど不幸にもなり得る。だが、融合した場合は、程よい緊張感の中のあ・うんの呼吸が成立し、「監督の眼」の求める

「役者の身体」として、創造のおもむくままに、映画という魔物に命が吹き込まれる。しかし、悲しい哉、物作りの現場において、そのような至福は滅多にあることではないらしい。それだけに、この両者の視点が合うということが、奇跡的な出来事だったのだ。

十二年間で六本の映画を、ふたりは監督と役者として共に歩んだ。「なんでもない日常」を描くことの難しさと必然性を、これほどまでに分かち合えた関係性も稀有だろう。そこに流れる、可笑しみと哀しみのうつろいを捉える目たちは見事な整合性をもつ。そもそも極端なまでに上昇志向のない希林は、作品にも、監督にも、自分自身にさえも期待を持たないまま、半世紀以上、役者をやってきた。そんな理想も意欲もなく、ホントかウソか「来た順番に仕事をするだけ」と言ってしまうような彼女が、気付けば、是枝さんとの仕事を度重ねてきたのだ。これ以上、言うまでもないだろう。

希林が、亡くなる数週間前に、入院していた国立病院の部屋で見たある夢の話をしてくれた。正確には、声が出辛くなっていたので、筆談だった。

8月22日は向田さんが飛行機落ちた日
久世さんの叔父さんが鳴門海峡に飛び込んだ日でした。
昨晩は　是枝さんがスタッフと一緒に　トランクほっぽり出して入り口に寝てた。
あーあ　やっぱり来たんだなぁーと思っていたら　その後　集中室で夫々　分散して
寝てたから　安心した。昔の男とドヌーブが会っていたカフェにする為、ここでロケ
ハンしてから　記者会見して　何人かに会うと言っていた。
外から見ると昔のマロニエの花が咲いて、いいなぁ　外のロビーと（何より映像がネ）
問題は東京都の国立の物件を使って　小池さんや安倍さんにそっぽ向いて——
また、文句言ワレタラ困るものねぇー

この頃、是枝さんはカトリーヌ・ドヌーヴ主演の新作準備のため、パリと東京をかなりの頻度で行き来していた。にもかかわらず、体調の優れない希林を心配し、幾度となく会いたいと申し出てくれた。ところが、それを伝える度、彼女は黙って首を横に振るのだった。実際、『万引き家族』がカンヌ国際映画祭でパルム・ドールを受賞し、世界中で監督が祝福される中、彼女は是枝さんに直接、こう伝えたという。

「もうお婆さんのことは忘れて、あなたはあなたの時間を若い人のために使いなさい。私はもう会わないからね」

具体的な余命宣告を受け、如実に己の体力の衰退を感じていった時、希林が真っ先にとった行動は、「身を引く」ことだった。それも、最も大切なものほど、きっぱり別れを告げた。持ち物の整理整頓や墓の準備はとっくに済ませていたが、人との関わりにおいても、随分と一方的に「お礼」と「お詫び」と「お別れ」を相手に伝えた。四十年以上も別居をしてきた夫の内田裕也にも、ある日、電話でそうしていた。これ以上、彼女らしさを貫くエピソードはない。思い立ったが吉日、相手がどう思おうと、こちらのケジメをつけさせてもらう、という姿勢が彼女そのものなのだ。

折に触れ、希林が是枝監督について言っていたことがある。

「現場にいる是枝さんは、とにかくウレシソウにしてるの。映画を撮ることが、楽しくてしょうがないみたいに。子どもから年寄りまで相手に、そりゃ、うまくいくことばかりじゃないでしょう。でも、決して、怒らないし、辛抱強くって、投げやりじゃなく丁寧で、誰に対しても平等で、実に芝居を面白がりながら作る。役者だったら誰しも、こういう監督の現場を一度は味わってもらいたい」

この世に生まれ、天職に出会う人間はそう多くないはずだ。そんな中、この二人は、間違いなく「監督」と「役者」という使命を持って生まれてきたのだろう。奇跡的にも同じ国に生まれ、多少の時期はズレていても、同じ時代を生き、交感した盟友。その片割れなき今、今度は、この二人の身近な傍観者として、また、その身内として、私が是枝さんに言う番だ。

「是枝さん、母と出会ってくれて、ありがとうございました」

おわりに

「あぁ怖い。残るのが本当に嫌だわ」

二〇一六年三月十四日。SWITCHの『樹木希林といっしょ。』という特集号のインタビューのときに、希林さんがテーブルの上に置かれたICレコーダーを目にして発した言葉である。月刊誌だからずっと本屋に並ぶわけではない、ということで何とか納得して引き受けていただいていた。

もともとテレビやコマーシャルのいいところは残らないところだとよく口にされていた。流れて消えていく潔さをこよなく愛し、だからこそ、思いきり遊べたのかもしれない。そして希林さん曰く、「役者は〝仮の姿〟。むしろ〝芸能人〟というくくりの中に身を置いていたほうが自分らしい」という言葉が本音であるならば、「あとに残すべき演技論など、私にはない」という言葉もまた、嘘ではないのでしょう。

しかし前出の『風とロック』の中では、

「アタシが死んだら語り部は浅田美代子しかいないんじゃないかって思ってね」

と、もちろん愛情を込めた言い方ではあるけれど「不安」を表明されていて、自分で何か書いてみようかなと思っているとも話されていた。「いま書いてらっしゃるんですか？もう」という箭内さんの問い掛けには、

「いや、まだ一行もね」

と返し、みなで笑っていたけれど。

ご本人によるその文章を目にすることは僕たちには叶わなかった。だからせめてこのような形で演技を巡る希林さんの「語り」を文字として残し、それが雑誌ではなく一冊の本として書棚に並ぶことを、この際お許しいただければ幸いである。

そしてこの本を出版するために尽力していただいたＳＷＩＴＣＨの新井敏記編集長、槇野友人さん、ライターの堀香織さんにこの場を借りてお礼を述べさせていただきます。『希林さんといっしょに。』は自分にとってとても大切な本になりました。

また、素晴らしい文章をご寄稿いただいた内田也哉子さん。エッセイストとしても鋭く優しい「眼」を持った也哉子さんの文章の世界に希林さんと一緒にいられることは身に余

る光栄でした。

弔辞以外は希林さんとの約束を守ってこの一年近く「語り部」としての取材依頼はテレビも雑誌もすべて断ってきたので（もう本当に弔辞にすべてを込めてしまったというのが本音で）、一周忌に出されるこの本をいったん中断していた〝喪の作業〟として僕なりに取り組んでみました。

フランスで撮影していた映画も昨日ようやく完成し、希林さん自身の言葉を借りるなら〝希林さん依存症〟にならないように、これからは希林さんの不在を何とか受け止めて、また先へ進まなければ、と考えています。

愛すべき対象が、もうそこに存在せず、手が届かない。しかし、だからこそ、その「不在」を恋しく思う。この「恋ふ」ことを業《なりわい》にする不幸な質の人間が作家になるのだと思うが、その意味でこの本は僕にとってはもう届くことのない「恋文」なのだろうと思う。

二〇一九年七月十四日

是枝裕和

希林さんとの仕事

2008
歩いても 歩いても

■希林さんの配役
横山とし子（主人公・横山良多の母）

夏のある日、横山良多は妻ゆかりと息子のあつしとともに実家に帰省した。この日は、15年前に他界した兄の命日。しかし、失業していることを言えない良多にとって、両親との再会は苦痛でしかなく……。

©2008「歩いても 歩いても」製作委員会

【原案・監督・脚本・編集】是枝裕和【出演】阿部寛、夏川結衣、YOU、高橋和也、樹木希林、原田芳雄、田中祥平ほか【撮影】山崎裕【照明】尾下栄治【録音】弦巻裕【美術】磯見俊裕、三ツ松けいこ【衣装】黒澤和子【音楽】ゴンチチ【広告美術】葛西薫【企画】安田匡裕【配給】シネカノン【製作】テレビマンユニオン、エンジンフイルム、バンダイビジュアル【上映時間】114分【公開日】2008年6月28日【受賞】サン・セバスティアン国際映画祭 脚本家協会賞、マール・デル・プラタ国際映画祭 最優秀作品賞ほか受賞。樹木は本作で報知映画賞 助演女優賞、ナント三大陸映画祭 最優秀女優賞、キネマ旬報ベスト・テン 助演女優賞、ブルーリボン賞 助演女優賞、東京スポーツ映画大賞 助演女優賞などを受賞

2011
奇跡

■希林さんの配役
大迫秀子（主人公の兄弟・航一&龍之介の祖母）

両親の離婚により鹿児島県と福岡県で離ればなれに暮らす小学6年生の兄・航一と4年生の弟・龍之介。いつかまた家族四人で暮らしたいと願うふたりは、九州新幹線の一番列車がすれ違ったときに願い事が叶うという噂を聞きつけ、友達と計画を立て始める。

©2011「奇跡」製作委員会

【監督・脚本・編集】是枝裕和【出演】前田航基、前田旺志郎、林凌雅、永吉星之助、内田伽羅、橋本環奈、磯邊蓮登、オダギリジョー、大塚寧々、樹木希林、橋爪功、夏川結衣、原田芳雄ほか【撮影】山崎裕【照明】尾下栄治【録音】弦巻裕【美術】三ツ松けいこ【音楽】くるり【配給】ギャガ【製作】ジェイアール東日本企画、バンダイビジュアル、白組ほか【特別協賛】九州旅客鉄道（JR九州）【上映時間】128分【公開日】2011年6月11日公開【受賞】サン・セバスティアン国際映画祭 最優秀脚本賞、アジア太平洋映画祭 最優秀監督賞ほか

2013
そして父になる

■希林さんの配役
石関里子（主人公の妻・野々宮みどりの母）

エリート人生を歩いてきた主人公・良多は、ある日、6年間大切に育ててきた息子が出産後の病院内で他人の子どもと取り違えられていたことを知る。血縁か、これまで過ごしてきた時間か、二組の家族は葛藤と苦悩の末、ある決断を試みる。

【監督・脚本・編集】是枝裕和【出演】福山雅治、尾野真千子、真木よう子、リリー・フランキー、二宮慶多、黄升炫、風吹ジュン、樹木希林、夏八木勲ほか【撮影】瀧本幹也【照明】藤井稔恭【録音】弦巻裕【美術】三ツ松けいこ【衣装】黒澤和子【配給】ギャガ【製作】フジテレビジョン、アミューズ、ギャガ【上映時間】120分【公開日】2013年9月28日公開【受賞】カンヌ国際映画祭 審査員賞、サン・セバスティアン国際映画祭 観客賞、バンクーバー国際映画祭 観客賞ほか

2015
海街 diary

■希林さんの配役
菊池史代（主人公・三姉妹の大叔母）

鎌倉に暮らす、長女・幸、次女・佳乃、三女・千佳の香田家三姉妹のもとに、15年前に家を出ていった父の訃報が届く。葬儀に出席するため山形へ赴いた三人は、そこで異母妹となる14歳の少女すずと対面。身寄りのなくなった彼女に、幸は一緒に暮らすことを提案、すずは香田家の四女として鎌倉で新たな生活を始める……。

【監督・脚本・編集】是枝裕和【出演】綾瀬はるか、長澤まさみ、夏帆、広瀬すず、大竹しのぶ、堤真一、風吹ジュン、リリー・フランキー、樹木希林ほか【撮影】瀧本幹也【照明】藤井稔恭【録音】弦巻裕【美術】三ツ松けいこ【衣装】伊藤佐智子【音楽】菅野よう子【フードスタイリスト】飯島奈美【広告美術】森本千絵【原作】吉田秋生『海街 diary』（小学館）【配給】東宝、ギャガ【製作】フジテレビジョン、小学館、東宝、ギャガ【上映時間】126分【公開日】2015年6月13日公開【受賞】サン・セバスティアン国際映画祭 観客賞、日本アカデミー賞 最優秀作品賞・最優秀監督賞・最優秀撮影賞、最優秀照明賞ほか受賞。樹木は本作でTAMA映画賞 最優秀女優賞を受賞

2016
海よりもまだ深く

■希林さんの配役
篠田淑子（主人公・篠田良多の母）

売れない小説家の良多は生活のため探偵事務所で働いており、別れた妻・響子への未練も断ち切れずにいた。ある日、団地で一人暮らしをしている母・淑子の家に泊まった良多と響子と11歳の息子・真悟は、台風で帰れなくなり、一晩をともに過ごすことになる。

©2016 フジテレビジョン バンダイビジュアル AOI Pro. ギャガ

【原案・監督・脚本・編集】是枝裕和【出演】阿部寛、真木よう子、小林聡美、リリー・フランキー、池松壮亮、吉澤太陽、橋爪功、樹木希林ほか【撮影】山崎裕【照明】尾下栄治【録音】弦巻裕【美術】三ツ松けいこ【衣装】黒澤和子【音楽】ハナレグミ【配給】ギャガ【製作】フジテレビジョン、バンダイビジュアル、AOI Pro.、ギャガ【上映時間】117分【公開日】2016年5月21日公開【受賞】フィルムズ・フロム・ザ・サウス映画祭 シルバー・ミラー（最優秀作品）、高崎映画祭 最優秀新人男優賞（吉澤太陽）、ボストン クロトゥルーディス賞 最優秀助演女優賞（樹木希林）を受賞

2018
万引き家族

■希林さんの配役
柴田初枝（主人公・柴田治の母）

小さな平屋に、治と信代の夫婦、息子・祥太、信代の妹・亜紀、治の母・初枝が暮らしていた。冬のある日、近隣の団地の廊下で震えていた幼い女の子を、見かねた治が家に連れ帰り、娘として育てることに。だが、ある事件をきっかけに家族はバラバラに引き裂かれ、それぞれが抱える秘密と切なる願いが次々と明らかになっていく――。

©2018 フジテレビジョン ギャガ AOI Pro.

【監督・脚本・編集】是枝裕和【出演】リリー・フランキー、安藤サクラ、松岡茉優、池松壮亮、城桧吏、佐々木みゆ、高良健吾、池脇千鶴、樹木希林ほか【撮影】近藤龍人【照明】藤井勇【録音】冨田和彦【美術】三ツ松けいこ【衣装】黒澤和子【音楽】細野晴臣【配給】ギャガ【製作】フジテレビジョン、AOI Pro.、ギャガ【上映時間】120分【公開日】2018年6月8日公開【受賞】カンヌ国際映画祭 パルム・ドール（最高賞）、ロサンゼルス映画批評家協会賞 外国語映画賞、セザール賞 外国語映画賞、アカデミー賞 外国語映画賞ノミネート、日本アカデミー賞 最優秀作品賞・最優秀監督賞・最優秀脚本賞・最優秀主演女優賞（安藤サクラ）ほか受賞。樹木は本作で報知映画賞 助演女優賞、日刊スポーツ映画大賞 助演女優賞、日本アカデミー賞 最優秀助演女優賞、毎日映画コンクール 助演女優賞を受賞

CM

2007
ミツカン
金のつぶ 超やわらか納豆とろっ豆

是枝が演出を担当。とろっ豆の新食感とおいしさに思わず声にもならない声で驚きながら口いっぱいにほお張る「実感／食べる」篇、「うちの子、なんで結婚しないのかしらね……」と呟きながら納豆をかき回す「実感／混ぜる」篇が放送された。

【制作】博報堂

2015
伊藤忠商事
「ひとりの商人、無数の使命」シリーズ

伊藤忠商事で働く社員に密着し、日頃の仕事風景や入社式、定年退職式など社員の「日常」を切り取っていく、ドキュメンタリーの手法を用いたＣＭシリーズ。2015～2016年に是枝が総合演出を担当。2015年～2017年に樹木がナレーションを担当した(全９本)。

【制作】サン・アド

テレビ

2014
課外授業 ようこそ先輩
カメラを通して世界と出会おう
是枝裕和（映画監督）

著名人が母校を訪れ課外授業を行うシリーズ番組の一篇。是枝が訪れたのは小学校3年までを過ごした母校・練馬区北町小学校。授業のテーマは、「カメラを通して世界を発見する」。子ども達は「知りたいこと、分からないこと」を知る道具としてのカメラを持って、取材に出た……。樹木が「語り（ナレーション）」を担当した。

【放送日】2014年12月26日【放送局】NHK【制作】NHK、テレビマンユニオン

初出

雑誌『SWITCH』
2008年7月号 是枝裕和×樹木希林「見ていてくれる人」
2015年6月号 樹木希林「糾える縄の如き世界にて」（訊き手：是枝裕和）
2016年6月号 樹木希林「遊びをせんとや生まれけむ」（訊き手：是枝裕和）
2018年6月号 樹木希林「演出的な芝居、対話的な芝居」（訊き手：是枝裕和）

＊なお、各記事の原題を改題し、大幅な改稿・加筆を施しました。

参考文献

井上光晴『明日　1945年8月8日・長崎』集英社、1982
加藤治子『ひとりのおんな』福武書店、1992
久世光彦『家の匂い 町の音—むかし卓袱台があったころ』主婦の友社、2001
久世光彦『今さらながら 大遺言書』新潮社、2004
久世光彦『大遺言書』新潮社、2003
久世光彦ほか『久世塾』平凡社、2007
久世光彦『ひと恋しくて』中央公論社、1994
久世光彦『陛下』新潮社、1996
小林竜雄『久世光彦vs.向田邦子』朝日新聞出版、2009
齋藤史『ひたくれなゐ』短歌新聞社、1994
『調査情報』株式会社東京放送編成考査部、1986年9月号
『調査情報』TBSメディア総合研究所、2010年3・4月号／2011年11・12月号
向田和子『向田邦子の恋文』新潮社、2002
向田邦子『阿修羅のごとく』大和書房、1981
向田邦子『父の詫び状』文藝春秋、1978
向田邦子『寺内貫太郎一家』サンケイ新聞社出版局、1975
向田邦子『冬の運動会』新潮社、1985
箭内道彦『月刊 風とロック』特集「樹木希林」
　風とロック、2007年8月号／2013年4月号
山田太一『今朝の秋・春までの祭』大和書房、1989

是枝裕和（これえだ・ひろかず）

映画監督。1962年、東京都生まれ。早稲田大学卒業後、テレビマンユニオンに参加。主にドキュメンタリー番組の演出を手がける。1995年、『幻の光』で映画監督デビュー。2004年、『誰も知らない』がカンヌ国際映画祭にて史上最年少の最優秀男優賞（柳楽優弥）を受賞。2013年、『そして父になる』がカンヌ国際映画祭審査員賞受賞。2014年、テレビマンユニオンから独立し、西川美和、砂田麻美らと制作者集団「分福」を立ち上げる。2016年、映画・映像制作者としての活動を高く評価され、第8回伊丹十三賞を受賞。2018年、『万引き家族』がカンヌ国際映画祭パルム・ドール（最高賞）を受賞。著書に『歩くような速さで』（ポプラ社）、『映画を撮りながら考えたこと』（ミシマ社）など。最新刊『こんな雨の日に 映画『真実』をめぐるいくつかのこと』（文藝春秋）が2019年9月30日に発売予定。2019年10月11日より日仏合作の映画『真実』が全国公開される。

樹木希林（きき・きりん）

女優。1943年、東京生まれ。1961年、文学座附属演劇研究所に入所し、芸名を「悠木千帆」とする。1964年に出演したテレビドラマ『七人の孫』における森繁久彌との軽妙なやりとりで人気を博す。ドラマの代表作に『時間ですよ』『寺内貫太郎一家』『夢千代日記』など。富士フイルム「写ルンです」、味の素「ほんだし」などのテレビCMにも出演し、個性派女優として注目を集める。1977年に「樹木希林」と改名。2000年以後は映画で活躍し、『歩いても 歩いても』『わが母の記』など主演作も多数。2008年に紫綬褒章、2014年に旭日小綬章を受章。2013年、全身がんであることを公表。夫はロック歌手の内田裕也（2019年3月17日に逝去）、長女は文筆家・女優の内田也哉子、娘婿は俳優の本木雅弘。2018年9月15日に75歳で逝去。

希林さんといっしょに。

2019年9月15日　第1刷発行

著者　是枝裕和

発行者　新井敏記
発行所　株式会社スイッチ・パブリッシング
〒106-0031 東京都港区西麻布2-21-28
電話 03-5485-2100（代表）
www.switch-pub.co.jp

写真
是枝裕和（P146, 149, 178, 318, 323）
川内倫子（P1-3, 108, 158, 188, 230）
新津保建秀（P4, 5, 135）
ホンマタカシ（P6, 73）
宮本 武（P7, 18）
瀧本幹也（P8, 40）
高柳 悟（P307）
TAKA MAYUMI（P367）

編集・構成
堀 香織、槇野友人（スイッチ・パブリッシング）

協力
福間美由紀（分福）、坂本亜里、
菅原 豪（スイッチ・パブリッシング）

印刷・製本　株式会社シナノ パブリッシング プレス

本書へのご感想は、info@switch-pub.co.jp にお寄せください。

ISBN978-4-88418-471-1　C0095
Printed in Japan